子どもの音楽表現

大槻志津江の仕事に学ぶ

Junko Koike 小池順子

一莖書房

はじめに

大槻志津江先生（一九二三―）は、群馬県伊勢崎市で公立小学校の教諭として勤務し、定年退職後は、音楽表現の指導者として多くの教育現場に招かれました。全国の保育園、幼稚園、小学校で子どもたちを指導し、授業研究会で、指導者として教師教育をも実践してきました。

音楽表現の指導によって子どもを変える、教師を変える指導力を評価する声は高く、多くの教育実践者から支持を得ています。

大槻先生は、斎藤喜博の薫陶を受けました。自ら様々な機会をとらえて自分は斎藤喜博から学んだと述べています。その一方で、自らの音楽表現指導の理論と思想を展開している著作が多くあります。斎藤喜博から学んだ実践を深化させ、広く展開させた事実は重要です。とりわけ、幼児にはできないと思われていたオペレッタ表現を、幼稚園と保育園の実践として定着させた功績は大きな価値をもつと思われます。

大槻先生の仕事に注目しなければならない理由は、主に二つあります。一つは、大槻先生が自分をあくまで実践者として位置づけているために、自分の実践をまとめようという意思がなく、かつ研究者によっても、未だ大槻先生の理論や思想が体系的に論じられたことがないことです。大槻先生の仕事は学術的に価値あるものとして残さなければなりません。

注目しなければならない理由の二つめは、大槻先生の実践と理論が、現在の音楽教育ないし音楽教育研究に根源的な問いを投げかけていると考えられることです。教育現場で音楽教育はなぜ行われるのか、誰のために何のために行われるものか、これらの問いの追究は本書の主題ではありませんが、大槻先生の実践と理論を考察することは結果的にこの問いに応えるものになりうると考えています。

本書の中でこの追究は、芸術教育としての音楽教育という項目から始まります。音楽作品という教材との動的な関わりの中でまず教師が、次に子どもが生成すること、これが芸術教育であり、芸術教育としての音楽表現教育です。そしてこのような内実をもっている実践が、大槻先生の仕事であると私は考えています。

大槻先生の教授行為は、子どもの解放ないし美的生成の実現という目的から外れることがありません。そのことを考察して、明るみに出そうとするのが本書の試みです。

目次

第一章　人間の生成としての音楽表現教育
――学校で音楽表現をする意義

1．芸術教育としての音楽教育

現在、学校では、音楽を教えることになっている。保育の現場でも、音楽や表現を教えることが定められている[1]。

しかし、学校で歌ったり踊ったりすることが教育として必要なのはなぜだろうか。例えば、「音楽を愛好する心情を育てる」ためだといわれても、そのような心情を育てなければならない理由は何なのか判然としない[2]。かつ、もし、音楽を愛好する心情を育てることが音楽教育の目的だとすると、その目的は学校でなくても実現することはできる。日常生活で素晴らしい音楽に出合うことは可能だし、一人で好きな音楽を楽しむとか、楽器のレッスンを一人で受けるといった仕方で、多くの子どもたちは音楽を楽しんでいる。音楽を愛好するとか楽しむ心情を育てるということについていえば、学校での音楽の授業は必要だといい切れない。

したがって、学校で音楽を教えることに意義があるとしたら、右のような事情以外のところに理由があるはずである。

では、学校で音楽教育をする意義は何なのだろうか。この問いは、音楽と人間の日常的な関係を越えていくことを私たちに要求する。結論を先取りすれば、学校での音楽教育は、一人で好きな音楽を楽しむとか楽器のレッスンを一人で受けるといった仕方では辿り着くことができない世界に、子どもを「連れていく」ことができることに意義がある。ただし、このとき音楽教育は芸術教育と呼称されるべきで、換言すれば音楽教育が芸術教育としての可能性をもっているときに、音楽教育は他の仕方では辿り着くことができない世界へ子どもを「連れていく」ことができる。

では、芸術教育としての音楽教育とは何か。

石川（1985）は、美学の立場から芸術教育の原理を論究しようと試みる[3]。それを「芸術教育学」と呼んで考察しようとするが、この言葉は学として未成立の、いわば架空の学問であるという[4]。しかし、「教育現象はすべて人間の目的々な営為の現われであるし、芸術という現象もまた人間の自己目的々な原理に基づくものである以上、教育学的諸学科及び美学・芸術学的諸学科のすべて、従ってまたその基礎となっている人間を主題とする哲学的諸学科のすべてが芸術教育の基礎理論となりうる」と石川はいう[5]。つまり、すべて人間の営為であるという基礎が通底するという点において、教育、哲学、美学といった学問はすべて芸術教育の基礎であるということができる。逆にみればこれらの学問はどこから入っても芸術教育の原理を追究する入り口になりうるのである。

このような考えを踏まえた上で、石川は、芸術教育学という言葉で考えられる意味を、四つに整理する[6]。第一の意味は、「人間の形成、情操の陶冶を大義とする音楽、美術による美的、創造的能力、技能の熟達を目指す」、「学校教育の場における教育的営為に関する学」という意味である。第二の意味は、教育的営為の内容に関する問題、即ち、「人間形成、情操の陶冶といった大義」に向けられる「芸術による教育」か、「芸術の諸ジャンル個々の固有な在り様を教え広めるという意味」の「芸術への教育」かといった問題そのもの、第三は、芸術という言葉の語源、テクネーに遡り、「人間の生の全領域において見出される実践的認識」として捉えるという意味。そして第四の意味は、第三に挙げたテクネーという言葉から発展する意味として、人間の生成そのものを扱う広義の技術学としての意味である。

一般的に、音楽教育という名称で考えられる内容は、石川のいう芸術教育学の第一の意味に相当するといっていいだろう。この第一の意味を石川は、芸術教育学という呼称を取るには概念が狭すぎる、として退ける。同様に、第二の意味、芸術による教育か芸術への教育かという問題を内包する教育的営為としての芸術教育は、各論としてしか成立しないと考え、これも退ける。しかしまた、第三の意味で芸術教育をとらえると、芸術を技術の習得と考える実践的認識を中心にする可能性が生起し、教育技術論へ傾斜する危険を伴うとし、これも退ける[7]。

このように消去された結果、第四の意味、人間の生成という意味が芸術教育学の概念として相応しいということになる。加えて、この第四の意味で芸術教育学をとらえると、第一の意味がもつ内容の狭さを克服し、第二の意味で現れる二択問題も越えて、第三の意味が含む危険も越えることができる。

では、芸術教育が人間の生成そのものを扱うとは、どのような意味や内実をもつのだろう。

石川は、人間の生成とは、人間の美的生成ともいわれるものであるという。しかしそれは、いわゆる美しさを感受する能力を養うといったことを指すのではない。生成とは、事物がある状態から他の状態になることを指す。すると人間の生成は、人間がある状態から他の状態になるということを指すことになる。それは、人間のどのような事態をいうのだろうか。

人間の生成について、石川は、サン＝テグジュペリの小説を引用して、生成を果たした人間の在り方を示す[8]。小説の中で、「ぼく」に一人の園丁が、以下のように言った。「〈……わしにも土を掘るのが苦労だったことがござんした。……わしもこの奴隷仕事を呪いましたよ。ところがどうでしょう……土を掘るってことがわしには、いい気持ちなんでさあ！……それにわしがしなかったら、だれがわしの樹木の手入れをしてくれましょう？〉」[9]。こう述べる園丁を「ぼく」は、「彼は自分がそれをしなかったら、一枚の畑が荒蕪地になるように思えるのだ。彼は自分が耕さなかったら、地球全部が荒蕪地になるように思えるのだ。彼は愛によって、あらゆる土地に、地上のあらゆる樹木に、つながれていた。彼こそは仁者であり、知者であり、王者であったのだ」[10]と賛辞をもって評する。石川は、ここに示されている園丁に生起した事態が人間の生成なのだという。つまり、園丁が、奴隷仕事を呪っていた状態から、土を掘ることがいい気持ちに感じられるようになる状態への変化が、人間の生成だというのである。

この園丁は、耕作という労働生産過程に従事している。耕作は、通常の意味では単なる労働であり、目的達成のための技術的かつ意図的過程である。しかも、「呪いました」という言葉があるように、耕作は彼にとって奴隷仕事であり、苦痛を伴う作業であり、彼自身の意思に反した作業だった。ところがその労働過程で、彼は、「土を掘るってことがわしには、いい気持ちなんでさあ！」と、言うようになる。この「証言」において、「苦しみの園丁は喜びの人間」になったと石川はいう[11]。そして、このような変容こそが人間の生成だというのである。「この農夫とその耕作術とは優れて自己発見的である点において美的であり、創造的」なのである[12]。

石川は「しかしこれら技術の過程が、彼ら自身の人間変容を目指して行われているわけではないことに注意しよう」という[13]。園丁は、自分の喜びの獲得や苦痛を変容させることを目指して耕作をしていたのではなかった。目指されていなかったという意味において、園丁の喜びは目的外の目的である。

では、目的外の目的に、園丁はいかにして到達したのだろうか。

石川は、目的達成のために自分が持てる最高の技術を働かせ、最善を尽くすことを通して、園丁は変容したという。日常的ないい方をすれば、園丁が頑張ったから彼は変わったのだ、ということになるのかもしれない。では、「頑張れば人は変われる」ということが生成なのだろうか。

注目しなければならないのは、園丁の変容は園丁一人で実現したのではないということである。初め、園丁にとって土を掘るのは苦痛でしかなかった。しかし次第に、園丁は、「自分がしなかったら、一枚の畑が荒蕪地になる」と考えるようになる。つまり、自分がいなかったら畑は畑ではなくなる、と考えるようになっている。換言すれば、苦痛が喜びに変化する過程で、「自分」と「一枚の畑」との関係が変化しているのである。

苦痛が喜びになるということが「自分」と「一枚の畑」との関係において成立したことに着目するならば、技術を働かせたことだけが、あるいは彼が頑張ったことだけが、彼の変化、人間生成の理由ではないと考えなければならない。

2. 人間の生成という事態

石川は、芸術教育における人間の生成は、「参与の論理」という方法概念によって保証されるという[14]。参与は、participation「与る」という事態である、と石川はいう。参与はまさに事態として、つまり状態や成り行きとしてとらえられなければならない。その成り行きで起こるのは、「部分を受け取ること partem capere 」であり、「自分が持っていないものを持つこと」である[15]。自分が持っていなかったものを持つことで、自分が「新しい実体をそなえ、それに成って行く（werden）こと」[16]、人間が自分の持っていない部分を人間から受け取り、人間が人間に与ること、このような仕方で人間が完全性に向かい、完全性に開かれること、これが参与に臨む人間の生成という事態である。

しかし、ここでいう人間が人間に与るという関係は、個々の人間関係を指すのではない。それは「精神と肉体との根源的な共属関係、あるいは全体に対する部分の関係の如きもの」であり[17]、個としての人間を超えたすべての現実と人間個々の内に取り込まれたものとの関係をいう。したがって、人間が人間に与るというのは、一人の人間が類としての人間に与ると換言することが可能であろう。

類としての人間とは、生物学的なそれを指すのではなく、例えば地縁、血縁に基づく社会、様々な集団、最小単位は家庭であるようなもの、即ち共同体をいう。私たちは生来的に共同体なしで存在することは不可能である。したがって、私たちは一人ひとりすでに共同体との必然的関係の中で生きているといわなければならない。すると私たちは共同体の一員として存在すると同時に、「この共同体として存在する」[18]。

こうして、人間の生成とは「人間があることが人間であることとの共同(communicatio)を無限に果たそうとする過程」そのものということになる[19]。しかし、人間があることが人間であることとの共同を無限に果たすとは、どのようなことを意味するのだろうか。園丁は確かに人間だが、畑は人間ではない。畑という客体との関係において、園丁が参与や共同を果たすということができるのだろうか。

園丁は「わしがしなかったら、だれがわしの樹木の手入れをしてくれましょう」という。「わし」が手入れをしなくなれば、畑はただの荒れ地になり、「畑」と呼ばれなくなってしまう。園丁はそのことを知っている。「わしがしなかったら、だれがわしの樹木の手入れをしてくれましょう」という言葉は、畑には人間が必要で、その人間が他ならぬ自分であることを園丁が知っていることを示している。換言すれば、樹木の畑が自分との関わりで存在していることを、彼は自覚しているのである。

園丁が苦しみの園丁から喜びの人間になるとき、園丁という「人間があること」は、一枚の畑を耕すことを媒介にして彼が類としての人間に与るという事態を生きていて、畑において自分が「人間であること」を実現するのである。畑は、彼が人間であることとの共同の場であり、媒体なのである。

このように考えると、園丁と一枚の畑との関係は、園丁が「人間であること」の形式と考えることができる。人間の生成とは「私」が「私との関係において人間という本質が顕わになる極めて動的な形式（forma formans）」[20]と石川が述べるとき、その言葉の内容は園丁が畑を耕すときに園丁に生起する事態を示していると考えられる。園丁と一枚の畑との関係は形式である一方、園丁が畑に彼の技術を働かせることで形式自体もまた変化し、その変化に園丁の「人間であること」が示される。

芸術教育学は、このような事態を形式としてもつ。

石川は、「芸術と教育とが真にそのダイナミズムを顕揚する、人間生成のこの能産的形式（forma formans）こそが、芸術と教育の本然であ」り、この「人間生成の能産的形式を芸術教育と呼ぶ」という[21]。「人間形成としての芸術教育、その意味は、かくて、芸術によって人間を形成する、あるいは芸術への道が人間形成につながる、ということではなく、人間の生成に直接与ること」になる[22]。それは、「自己の内にその生成を取り込み、いわば生成内存在（In-der-Werden-sein）として自己を自覚することである」[23]。

すると「芸術教育の現象とは、芸術による教育や、芸術への教育、芸術としての教育というような、芸術と教育との関係現象ではなく、芸術と教育とをいわば内世界的存在者

(Innerweltlicher Seiendes)として持つ環世界性(Umweltlichkeit)のことだ、ということができる」[24]。音楽教育が右のような意味において芸術教育であるならば、音楽教育は音楽による教育ではなく、音楽への教育でもなく、豊かな人間性を育成するとか美的情操を養成する、といったことでもない。音楽教育の中で、音楽と教育はその内部で区別なく、一つの環境の中でいわば溶け合っている。このことは、音楽教育が人間の生成を実現する過程そのものであるということであり、子どもが個としてありながら共同体として存在する事態と同じなのである。

学校において音楽教育を担う教師は、授業に先立ってあるいは授業の過程において、自ら生成を生き、個として在りながら共同体として存在し、自らの変容を自覚する存在者でなければならない。なぜなら、芸術教育としての音楽教育は、教師自身が人間の生成を生きていることに支えられているからである。それは、サン=テグジュペリの描く園丁が自覚した変容を、教師が自らの生とすることと言い換えられるだろう[25]。

3. 芸術教育をする教師の在り方

このような生を、大槻志津江は生きている。
石川のいう人間の美的生成を生きてきたことを、図らずも大槻は告白するかのように書いている。大槻は、小学校の教師として五、六年生の女子児童たちと体育祭に向けてリズム表現を創り上げた実践を振り返り、そのときに起こったことを、「恥をかくこと」という題で文章に認めている。長くなるがその一部を引用したい[26]。

「先生、この曲で踊りたい。」と子ども達がえらんだ曲の中に(魔弾の射手)があったのです。教師自身に曲に対する解釈と表現への願いとイメージがつくられたからといって、そのまま子どもの生きた表現になるわけではありません。表現するのは子ども自身なのです。曲を聞いて子ども達がどんな表現をするか、まず子どもの現実をはっきり見きわめたうえで、教師のイメージや願いを内容をこめた言葉で次々に入れてゆき、表現への要求を出すのです。磨きぬかれた講堂の床の上に、ポタポタと子ども達の汗のしずくが滴り落ち、ウワッーというう叫びやホーという吐息が一つの流れをつくって体中からほとばしり出るまでに子ども達の表現が高まったときに、私はその流れの中に這いずり回りながら、ここぞとばかりに私のイメージを言葉でぶっつけていくのです。すると子ども達は火花をまき散らしながら新しい表現を創り出してゆきました。力のない私のような教師の創る仕事のなかにはこんなのたれ死するほどのぶざまさが何時も付きまとっているものなのです。なぜそんなにまでするのかと問われても、そこで事実を動かすにはこうするより他はないのですとしか答えようがないのです。

子ども達も苦しいけれど楽しいと言っていたように、私も這いずり回りながらも子ども達の事実が少しでも変わっていくのをみると、澄みきった青空をふり仰ぐように高らかに笑いころげてはまた這いずり回るのでした。

大槻が教師として実践する技術的意図的な行為は、「曲を聞いて子どもたちがどんな表現をするか、まず子どもの現実をはっきり見きわめたうえで、教師のイメージや願いを内容をこめた言葉で次々に入れてゆき、表現への要求を出す」ことである。この記述は、自分の仕事の技術内容への言及である。しかし、「教師自身に曲に対する解釈と表現への願いとイメージがつくられたからといって、そのまま子どもの生きた表現になるわけではない」と大槻がいうとき、ここには自己の存在が子どもとの関係の中にあることへの自覚が現れている。そしていざ授業という仕事が始まれば、教師としての大槻は、子どもたちが表現する姿の「流れの中に這いずり回」る。そのような自分をまた大槻は、「こんなのたれ死するほどのぶざまさ」という言葉で表す。それでいて大槻は、「なぜそんなにまでするのかと問われても、そこで事実を動かすにはこうするより他はない」というのである。

大槻の「這いずり回る」とか「のたれ死するほどのぶざまさ」といった言葉には、大槻の教師としての苦痛が表れている。教師の仕事は子どもたちに表現の要求を出すことだと明確に述べながら、それが大槻にとっては苦痛の過程でもあるという。それは、「ポタポタと子ども達の汗のしずくが滴り落ち、ウワッーという叫びやホーという吐息が一つの流れをつくって体中からほとばしり出るまでに子ども達の表現が高まった」姿と対峙するときに生じる感覚である。大槻にとって、子どもたちが表現する姿を見ることは、自分のもっていない部分を子どもたちから受け取ること、石川のいう人間が人間に与る過程を生きることだからである。

ただし、子どもたちから自分のもっていない部分を受け取るということは、大槻がこのときの子どもたちから具体的に何かを学んだと言い換えられるようなものではない。人間が人間に与るとは、先述した通り、個々の人間関係をいうのではないからである。

大槻は、子どもたちに表現の要求を出しながら、未だ見えない可能性としての子どもの姿を見ていたに違いない。そのことは、「また」という将来を示す副詞を大槻が用いていることに表れている。「子ども達も苦しいけれど楽しいと言っていたように、私も這いずり回りながらも子ども達の事実が少しでも変わっていくのをみると、澄みきった青空をふり仰ぐように高らかに笑いころげてはまた這いずり回るのでした」という一文には、「這いずり回る」という言葉が二回出てくる。一度目の「私も這いずり回りながら」という記述は、実際の授業場面を回想している。したがって、記憶を通して大槻は子どもたちの姿を見ている。しかし二度目の「澄みきった青空をふり仰ぐように高らかに笑いころげてはまた這いずり回るのでした」という記述で表現されているのは、「澄み切った青空」が実際にあったかどうかではない。ここで示されているのは「これからも自分はそうするのだ」という大槻の決意のようなものであり、だから、前にしたことがこれからも繰り返されることを示す「また」という副詞が使われているのである。すると、「また這いずり回るのでした」と大槻がいうとき、見られているのは将来的な子どもの姿、可能性としての子どもの姿だと考えられる。そして将来的な子どもに言及するとき、大槻が示しているのは、「高らかに笑いころげ」る教師の喜びなのである。

「子ども達の事実が少しでも変わっていくのをみる」のは、大槻にとって喜びである。ただし、その喜びに到達するより先に、大槻は表現の要求を子どもたちに出すための解釈とイメージを作り上げる仕事をしなければならない。この苦労と、子どもたちに「のたれ死するほどのぶざまさ」をさらすという苦痛を経由して、子どもたちの事実が変わる姿を見る喜びに到達するのであって、大槻は自分の喜びを初めから目指してはいない。教師としての大槻の喜びは、目的外の目的なのである。

大槻の言葉には、このように芸術教育の原理としての「参与」、自らは個として存在しながら、同時に可能性としての子ども、個でありながら共同体として存在する子どもたちと共に在るという事態を生きる存在様式を読み取ることができる。実際に、大槻がこのことを教師の仕事の中で意識していることがわかる記述がある[27]。

昭和四十二年度以前二十八年間の中での「忘れ得ぬ子ら」の姿はさまざまある。……。／こうした二十八年間の目の前にうかぶ「忘れ得ぬ子らの姿」は私のクラスのひとりひとりという、きわめて個人的な、私的な子らの姿であった。／ところが昭和四十二年度以降の境小では、こうした小さな枠の中で私的な子らをつくることは許されなかった。……。／今思うと生身のからだを曝して学校に棲みつき、教える——学ぶ世界とつなげること苦しさの楽しさを知ることができたから、教師も子どもも胸をはって学校の住人、学級の住人としての存在感をひとりひとりが持つことができたのだろう。

昭和四十二年は、斎藤喜博が校長として境小学校に赴任した年である。大槻は、教師が自ら美的生成を生きる苦しみと喜びを、斎藤から教えられた。それは、個でありながら共同体として存在することであり、「きわめて個人的な、私的な子」をつくることを超え、一人の人間が個としての人間を超え、すべての現実と人間個々の内に取り込まれたものとの関係の中を生きることである。このことを大槻は、「学校の住人、学級の住人としての存在感」をもつという言葉で表現している。加えて、「教師も子どもも」という言葉に現れているように、大槻は自ら生成を果たしながら、子どもたちの人間生成をも読み取っている。

石川は、「人間生成の偉大さは、そこで顕わになった人間的力の開示とその存在の深さにある」という[28]。しかし「それは常に或る予感的なものとしてあるのみで、人間の現実生活の背後にあって、明瞭にはならないものである」[29]。大槻が「子どもの魂の叫び」とか「子どもの可能性」といった言葉を使うとき、その内容は石川のいう子どもの人間的力の開示とその存在の深さを指し示している。子どもの人間的力の開示と子どもの存在の深さは、まさに学校での日常生活にあっては予感的なものとしてあり、子どもの現実生活の背後にあり、単に眺めているだけでは明瞭にはならない。これらが明瞭にならなければ、子どもは自分の力と深さを自覚することもできない。大槻が「まず子どもの現実をはっきり見きわめたうえで」という通り、教師の仕事は、子どもの現実を見きわめ、現実の中に子どもの人間的力と存在の深さを予感し、日常生活では背後にあるものを授業の過程で明瞭に引き出すことだといえよう。

4. 教師の人間生成と子どもの人間生成

子どもの美的生成を実現しようとする教師は、自らが美的生成を生きなければならない。子どもの人間生成は、教師の働きかけによって生起するのであるから、教師の人間生成は子どもの人間生成より先に生起していなくてはならないからである。そうでなければ、教師は子どもの人間生成を「みる」ことができない。

このように、教師が自ら美的生成を生きるとき、教師は、日常生活の背後に予感的にある子どもの力と深さを引き出すことができる。子どもにとっても、不明瞭であった自分の力が明瞭になる。このとき、子どもたちの人間生成は教育の仕事として成立する。このような仕事を教師が学校音楽教育の中で実現するとき、子どもたちにとって、音楽表現をする授業は共同体として生きる場そのものになる。授業が、共同体として生きる場そのものとなれば、子どもたちは授業において音楽表現をすることに没頭できるようになる。なぜなら、そのとき歌うことや演奏することは、何かを歌うことや何かを演奏することではなく、自らが共同体として生きることと同義になるからである。そのように授業を生きるとき、子どもたちは自らの美的生成を果たし、自分の変容を自覚する。

大槻の指導を受けた小学五年生のある子どもが、次のような感想を綴っている[30]。

——霧は歌いながらたくさんの動きがあり、とても疲れました。しかし今まではここまで疲れるという表現はなかったのか、それとも自分がそれだけの表現をしてこなかったのか、とにかくはじめての経験でした。霧が踊り狂う場面では、自分が誰だか忘れるくらい、ありったけの呼吸をして、リープターンを踊ったような気がします。今ふりかえってみると、とってもすっきりして、思わず笑いがこみ上げてきます。——

この子どもは、「自分が誰だか忘れるくらい」の自分を、自分の美的生成を、個としての自分でありながら共同体を生きる自らの存在を、明確に言葉に綴っている。そして、「思わず笑いがこみ上げて」くるような喜びか嬉しさ、つまり目的外の目的に達したことをも記述している。

注目すべきは、「今ふりかえってみる」という仕方、つまり過去を思い出すという仕方で、この子どもは目的外の目的、喜びを追想していることである。目的外の喜びを生きるとき、子どもたちは音楽を学ぶこと、音楽を表現することを「楽しい」というのであり、そしてそれは子どもの生の中に記憶や思い出として残る。この子どもの感想文は、それを示している。

しかしこの子どもは、「今まではここまで疲れるという表現はなかったのか、それとも自分がそれだけの表現をしてこなかったのか」とも考えている。つまり、音楽表現の経験はこの作文を書く以前にもあったのにと、この子は同時に振り返っているのである。このことからいえるのは、音楽表現は、経験すれば直ちに美的生成が実現するものではないということである。この子どもが体験的に発見したように、我を忘れるくらい身体を使って音楽表現の喜びを得たとき、子どもは変容し、美的生成を果たすことができる。大槻は同じことを、「表現を自己表現に高める」という言い方で述べている[31]。

子どもが表現を自己表現にまで高めるためには、こうした柔軟でしかも強靱な基礎があってこそ、子どもは表現のなかで、自由と解放を手に入れることができるのではないだろうか。解放とは子どもにとって新鮮な世界への飛颺を意味することを、私は斎藤先生から学んだ。

大槻は子どもの変化や高まりを、人間生成とはいわずに「解放」という。大槻のいう解放が人間生成と同義であるといえるのは、解放が「新鮮な世界への飛躍を意味する」と大槻が明確に述べているからである。大槻が音楽表現の教育においてみているのは、子どもの表現が自己の表現であるかどうかであり、子どもが表現において解放に向かっているかどうかである。音楽と教育はその内部で区別なく、一つの環境世界の中で溶け合っている。そこで起こることは、子どもという人間の生成を実現する過程そのものである。

第二章　大槻志津江の教育実践①
——ステップ表現という教育方法

音楽表現教育は、子どもの美的人間生成を目指す。そのことを大槻は解放という言葉を使って論じている。では、子どもの美的生成あるいは解放は、いつ起こるのか。それを授業の手順の中で決めることはできない。人間の生成は事柄の結果として導かれるというより、過程そのものとしてとらえられるからである。したがって、教師は子どもの美的生成がどの瞬間で起こっているかを、大槻の言葉でいえば子どもの表現がその子の自己表現になっているかを、花が開く瞬間を見ようとするような、あるいは地中の小さな鉱物を見つけようとするかのような慎重さで見続けなければならない。すると、子どもが歌ったり踊ったりするとき、そこで起こるであろう美的生成は教育実践の全体としてとらえられなければならなくなる。

大槻は、人間の生成が過程としてあること、そしてそれは具体的で緻密な教師の仕事に裏付けられていることを知っていた。したがって、大槻の実践が子どもの美的生成を実現したというためには、大槻の教育実践の何がそれをさせたのか、その内実を明らかにしなければならない。

では、大槻はどのような教授方法で子どもの美的生成という仕事を実現してきたのだろうか。本章では大槻の教育実践を取り上げ、子どもの音楽表現を育てる教師の仕事の内実を解明したい。

1.「基本リズム」とは

大槻は、音楽表現の指導あるいは表現づくりにおいて、ステップ表現を重視している。ステップ表現は、歌唱表現やオペレッタといった実践の基礎基本であると考えているからである。本章では大槻が表現の基礎基本としてとらえているステップ表現という実践について考察したい。

ステップとは、舞踊の足の動きを要素として、リズムに乗って身体全体を表現する教材の総称といっていい。ステップには、スキップを基本に、ウォーキング、ホップ、ツーステップなど、二十一もの型がある[32]。

ステップ表現が大槻の実践に取り入れられたのは、大槻が群馬県伊勢崎市の境小学校で教師をしていたときのことである。昭和四十二年、斎藤喜博が校長として境小に赴任した。ステップは、同年の六月に斎藤校長の指示で取り入れられたという。そのときのことを、大槻は次のように述懐している[33]。

私には今あらためて、ヒサッヒサッヒサッという音が聞こえてくる。それは境小の校庭を行進する子どもたちの、大地と爪先の触れ合う響きなのである。リズムに内容を飲み込んでしまった膝頭は、円やかな愛くるしさと艶をもって息づいていた。（中略）／ヒサッヒサッヒサッという行進の響きは、千人近い子ども達の凝縮された叫びであり、斎藤先生の教育の可能性、子どもの可能性に賭けられた証の響きだったのだ。この響きにむけて、斎藤先生がさっと人指し指で合図されると、流れもうねりも自然のまま変わっていった。真の教育のなかで培われた斎藤先生と子ども達との厳粛なまでの絆の光をみた。／「まだまだ子ども達に固さがとりきれませんね。」と言われた斎藤先生は数日して私たちのまえに三十種類もの「ステップ」を持って来られた。子どもの体を、しなやかで躍動感溢れる華麗さに磨きあげるために、「ステップ」という教育での領域が設定されたのは、昭和四十二年六月も終わりの頃だったと思う。／「ステップ」の基本的リズムによって、体のすみずみまで自由に駆使できる柔軟さと、解放感を手にした子ども達は、当然感覚の鋭さをも身につけていった。こうして、外から内へ、内から外へという、いのちを持った「ステップ」によって、子ども達はひときわ豊かさを増していったのだ。

大槻は、斎藤喜博が学校に取り入れた「『ステップ』という教育での領域」で、自分の学校の子どもが「体のすみずみまで自由に駆使できる柔軟さと、解放感を手にし」、「豊かさを増した」子どもになったことを事実として目の当たりにした。そして、斎藤喜博の実践から得た感動を個人的な感動のままにはしなかった。

その後、大槻は、ステップ表現を自分の実践の方法へと取り込み、自らの実践をステップ表現の理論へと高めている。その理論は「基本ステップ」、「基本的リズム」という言葉で表され、大槻は機会あるごとにそれを論じている。

大槻がいう「基本的リズム」とは、次のような内容である[34]。

① 体全体を深い呼吸でつつみ込むこと。
呼吸を深くするためには、体の力みをなくして、ゆっくりとした気分になって、大きく深い呼吸を体の隅々にゆきわたらせることである。斎藤先生はこれを皮膚呼吸と言っていた。

② 胸をひらいて、腰、膝をやわらかくリズムに乗せながら、軽くふわんふわんとすい上げるリズムをつくる。

③ リズムの連続性では、リズムを次へ意識的に渡し合う、切れることのない、流れ

るリズムを持続させる。

④ 豊かにイメージを描かせながら、意識的に個々の表現を拡大させ独創的な表現づくりに向かわせる。

⑤ 集団による対応性と、作品（教材）のドラマ性を強調するための集団の構成をつくる。

一つひとつのステップに、このような願いを込めて指導したとき、子どもは自分の体が解きほぐされていく快感に、あらためて、自分の体の可能性を発見していこうとする積極性が生まれる。こうした自分の体への自覚は、作品と対面しながらの、表現活動によって更に高められ、教師と子どもとで創り出す表現から、子どもと教師で創り出す表現へと移行していくように思われる。その基本となる、ステップ指導は、子どもの自立と創造性を促すための教師の大事な教育的営為、と言えるのではないだろうか。

大槻は様々な機会をとらえてステップ指導に言及しているが、ここで引用した「基本的リズム」に関する短い引用の中に、ステップ表現に関する大槻の思想ともいうべき核が網羅されているように思われる。以下、呼吸とリズム、リズムの連続性と内的リズム、イメージの世界、対応と構成というキーワードを用いて、大槻のステップ表現の実践の核となる思想をみてみたい。

2. 呼吸とリズム

大槻は、呼吸を深くするために、体の力みをなくして、ゆっくりとした気分になって、大きく深い呼吸を体の隅々にゆきわたらせることが必要だという。なぜなら、「解放された子どもの体には、深い呼吸が体全体に漲っている」からである[35]。呼吸は息を吸ったり吐いたりすることであるが、大槻は、吸うことは覚醒であり、吐くことは脱力であり、呼吸自体がリズムの連続的営みであるという[36]。

しかし、呼吸自体がリズムの連続的営みであるとは、どのような意味なのだろう。リズムは、一般的な用語としては、音楽の最も根源的な要素で、音の時間的な進行の構造といわれるが（大辞林）、大槻の言葉に右のような辞書的用語としてのリズムの意味を当てはめても、その内容を理解することはできない[37]。

大槻がいうリズムは、子どもの身体の外で鳴り響く音やアクセントといったものではない。大槻のいうリズムは、呼吸と分かちがたく結びつくという点において、子どもの身体そのものへの言及であるように思われる。では、そのような文脈において、リズムをどのように考えればよいのだろうか。

大槻は、呼吸をする身体を毬に例えて次のようにいう。「体を毬にたとえてみれば、弾むために必要なものは空気である。毬の中の空気を暖めるごとに弾みは強化される。暖めるという行為こそ、目的であり手段であり、そして手順でもある」[38]。ここで毬が使われるように、音楽の授業の中で息を深く吸わせるなど、身体に関わる技術指導をするとき、比喩は教師によって多用される[39]。教師が毬を比喩に用いて子どもに腹式呼吸を教えようとするなら、毬の形を子どもにイメージさせて、教師は息を吸ったときに子どものお腹が膨んだかどうかに注目するだろう。しかし、大槻が毬のイメージを使って目指すのは、お腹を膨らませることではなく身体の中の空気を暖めることである。子どもの身体の中の空気について、大槻は次のようにもいう[40]。

教師は表現活動のなかで、子どもの体を、深い呼吸でふくらませる。それが体を浮かせるというリズムに移行する。つまり内面を、広がるイメージと呼吸で満たしたときに、子どもの体はすい上り、その喜びは躍動感を取り戻す。これが毬の中の空気（子どもの体と内面に秘めているオーラのようなもの）を暖める（呼吸とイメージとリズム）ということである。

歌唱指導で多くいわれるように、大槻も、深い呼吸で身体を膨らませることが重要であるという指摘を欠かさない。しかしそれは、腹式呼吸の実践というよりも、深い呼吸が「体を浮かせるというリズムに移行する」ことを目指している。そのことが、大槻にとっては、子どもの内面を満たし、子どもを広がるイメージと呼吸で満たすことと同義になっている。

呼吸がリズムに移行するという大槻のリズムに対する考えは、先述した通り、一般的なリズムに関する通念や定義では明らかにできない。では、大槻がいうリズムを私たちはどのように解すればいいのだろうか。呼吸がリズムに移行するとは、どのような意味なのだろうか。

ここで、大槻のいう呼吸とリズムの関係を考察するために、クラーゲス（Klages,L.）のリズムに関する思索を手がかりにしたい[41]。

クラーゲス（1971）はリズムについて、「リズムはある時間的現象の規則的文節である」とか「時間的現象要素の規則的反復である」といった概念規定を、不適切であるとして排除する[42]。クラーゲスによれば、これらはリズムではなく単なる系列か拍子である[43]。クラーゲスは、リズムと拍子を区別する[44]。クラーゲスは、リズムは「一般的生命現象であり、拍子はそれにたいして人間のなすはたらきである」という。「リズムは、拍子が完全に欠けていても、きわめて完成された形であらわれうるが、拍子はそれにたいしてリズムの共働なくしてあらわれえない」[45]。つまり、リズムは拍子がなくても成立するが、拍子はリズムがなくては成立しない。なぜならリズムと拍子との関係は、生命現象と人間のはたらきという関係にあり、人間のはたらきは生命現象が先にあって初めて成立することだからである。

拍子は、私たちが意図的に生み出すものである。聞こえる音をできるだけ単純な音群に形成する働きによって、拍子を私たちは感じることができる。対して、リズムは一般的生命現象である。拍子とリズムの違いをクラーゲスは、例えば、「細心に注意を集中してタクトを振る新米の機械的演奏と、完成の域に達した音楽家のリズムに乗った演奏とを区別するもの」として論じている。完成の域に達した音楽家の演奏には「旋律の動きがあらゆる小節にはりつめ、生気ある振動で休止を満たしている」[46]。それに対して、新米の音楽家は、正確にタクトを振るといった仕方で拍子をつくることはできるが、彼の演奏は「動き」や「生気ある振動」に欠ける。

「動き」があるとか「生気ある」という状態は、クラーゲスによれば「持続的な推移のなかで更新される諸要素間の差異」があるということを指す[47]。リズムにおいては、表れるものが同じことの反復ではない。たとえ繰り返しに思われても、そこに見えるものや聞こえるものの間に何らかの違いが実は起こっているのであり、その差異があることで生気ある振動が生まれる。それこそが、生命の現象であり、リズムであるとクラーゲスはいう。

呼吸とは、直接的な生命現象そのものである。呼吸自体がリズムの連続的営みであると大槻がいうとき、大槻はクラーゲスのいう意味でリズムを論じていると考えることができるのではないだろうか。すると、そのときのリズムとは、子どもの呼吸のことを述べているのであるから、子どもの呼吸を論じるとき、大槻は子どもの生命現象について述べているということになる。

大槻は、呼吸が子どもの内面を、広がるイメージを満たしたとき、呼吸はリズムを身体に与え、リズムが与えられれば、それが子どもの喜びへとつながるという。クラーゲスの言葉を借りて同じことを言い換えれば、子どもの身体が生気ある振動で満たされたとき、生命の現象として子どもの身体にリズムが生じるということになるだろう。

このように考えると、音楽表現にとって深い呼吸が必要な理由は、一般的生命現象としての呼吸が深ければ生気ある振動を身体に生じさせることができ、それがリズムを生むことになるからだということになる。「大きく深い呼吸を体の隅々にゆきわたらせること」が必要なのは、子どもの生命を生気で満たし、リズムを身体の内で生じさせ、そのことで子どもの内面的豊かさを保障するためなのである。呼吸とリズムは、身体という共通の基盤においてもともと切り離せないのである。

そして、内面的豊かさが深い呼吸で支えられたとき、子どものリズムは表現としてのリズムになる。

3．リズムの連続性と内的リズム

前述したように、大槻は、深い呼吸をリズムの連続的営みであるという。リズムの連続的営みとは、単に規則的な拍節を繰り返すことではなく、子どもの身体に生命現象としての動きや生気が満ちることである。しかし、深い呼吸ができれば、子どもの生気ある振動が直ちにステップのリズムに転化するわけではない。生気ある振動を子どもの身体に得させたら、教師は、その振動を表現としてのリズム、即ちステップ表現のリズムへと展開させなければならない。ステップを表現としてのステップに展開させるには、リズムを失わせない教師の仕事が必要である。

ステップには、例えばスキップ、ウォーキング、ホップといった型がある。教師は、基礎的な知識や訓練として子どもにステップの型を教えなければならない。ところが大槻は、「ステップの形だけを教えても、子どもの体の表面だけをなぞるだけ」になってしまい、このときリズムは子どもの身体から失われるという[48]。

大槻は、子どもにステップを教えるとき、ステップの型に「内容」を盛らなければならないという。しかし「内容を盛る」とは、何をすることなのだろうか。

大槻は、「内容を盛るということは、教師側のサイドで教え込むということではない」

という[49]。そのことを「子どもの内的リズムに点火させる」と表現する[50]。「点火させる」という言い方を大槻がするのは、リズムを「子どもはもともと内在させているように思われる」と大槻が考えているからである[51]。リズムの「火種」を、子どもは身体にもっている。教師は外からリズムを教え込む必要はない。だから、教師の仕事は、ただそれに「点火させる」ことになる。

では、子どもがもっている基本的リズムに「点火する」には、教師は何にどのように働きかければいいのだろうか。

大槻は「点火」の方法について、「イメージの世界でまず遊ばせながら、体の自由さを取り戻させ、心身共に、活性化させるという方法がある」という[52]。しかし、方法について述べているこの言葉も、その内容は明らかではない。そもそも、子どもたちが自分の手足を自由に動かすことができ、子どもたち自身もそれができると思っていたら、子どもに身体の自由を取り戻させる必要などそもそもないということになる。子どもが心身を共に活性化するとは、子どものどのような状態を意味するのだろうか。

大槻の言葉を読み解くために、再び、クラーゲスの思索を参考にしたい。

同じくらい舞踊に巧みな者が二人いるとしよう。一人は何かに大変怒っていて、もう一人は楽しい気分でいる。この二人が同じ踊りに加わると、当然のように、楽しい気分の者の方が、リズミカルに踊ることができる。また、一般的な状況において比較すると、年老いた人より、若者の方がリズミカルに踊るし、少し酩酊している人の方が、まったく素面の人よりリズミカルに踊る。これらの三つの場合に共通するのは、リズミカルに踊る人間は抑制感情から自由であること、あるいは自由になったことだとクラーゲスはいう[53]。リズミカルに踊る人たちはそれぞれ、怒りの感情、年齢からくる肉体の衰え、日常生活における規律といった束縛から逃れている。つまり人がリズミカルであるとき、その人からは「特定の生涯の時期や、外的状況や、激しい心的状況とかかわるある種の抑制」[54]が脱落しているのである。自由になるとは、抑制が脱落することであり、踊りのリズムは、抑制が脱落することで引き起こされる。

では、抑制されていたものとは何か。クラーゲスはそれを「生命そのもの」であるという[55]。人がリズミカルに踊るということは、生命を拘束していた抑制が脱落したことを表している。抑制の脱落によって、人は、リズムの中で振動すること、生命の脈動の中で振動することができるようになる[56]。さらに、人間にとってリズミカルに脈動するとは、日常の意識の働きの中で生命の脈動を狭める抑制から、一時的に解放されることを意味してもいる[57]。

大槻は、子どもに身体の自由さを取り戻させることが必要であり、それを実現することが教師の仕事であり、ステップを教える意義だと考えている。このことは、クラーゲスの言葉を借りれば、ステップを教えることで、子どもの生命を拘束していた抑制を子どもの身体から脱落させ、日常生活で子どもを拘束しているものから子どもを解放することを意味するといえよう。

子どもの生命を抑制するものとは、そのときの子どもの年齢や、子どもを取り巻く状況や、その時々の子ども自身の心の状況といったことである[58]。こういったものが、子ども自身にも知られないまま、日常生活の意識の働きの中で、子どもの生命の脈動を狭め、抑えている。このように生命の脈動を狭める抑制から子どもを解放させると、子どもの身体にリズムが生じ、子どもの身体は生き生きし、子どもは心身共に活性化する。

同じことをクラーゲスは次のようにいう。リズムの形成者は、「むろん韻律や拍子をあえて作り出そうとするわたくしの恣意によるのでなく、これまた感動（Ergriffenheit）によってのみ、わたくしはリズムを作ることができる」[59]。「わたくしの恣意」とは、意識の働きと言い換えることができる。私たちは自分の手足を「こう動かそう」と考えて動かすことはできる。自分の意思で手足を動かすことができるという意味において、確かに私たちの身体は私たちの意思の自由になるといえるのかもしれない。意思があれば、韻律や拍子をあえて作ることも可能だ。しかし、リズムを身体に得させようとするなら、私たちはむしろそういった自分の意思、自分の意識の抑制から解放される必要がある。身体が、意識によってではなく、身体の内側の生命の脈動につかまれた（ergriffen）状態において動くとき、私たちの身体にはリズムが生まれる。

大槻がいう「子どもの内的リズム」は、このようなものであろう。つまり、子どもの内側の生命の脈動や感動が子ども自身の身体をつかみ、動かし、そのことが身体の動きとして現れるリズムである。すると、「子どもの内的リズムに点火する」とは、子どもの体から抑制を取り除いて、自分の生命の脈動に子ども自身の身体がつかまれた状態にすることを意味することになる。

しかし、「点火させる」という手立てについては、問いがもう一つ残っている。「イメージの世界で遊ばせながら」という部分である。イメージの世界で遊ばせるとはいかなることで、それはどのように子どもの身体から抑制を取り除くことにつながるのだろうか。

4.「イメージの世界で遊ぶ」とは

大槻は、「子どもの内的リズムに点火させる」手立てとして、「イメージの世界でまず遊ばせ」るという。イメージの世界で遊ばせるとか、イメージの世界で遊ぶとは、どのようなことを意味しているのだろうか。

基本的リズムの指導の中でイメージを子どもにどう描かせるかということを考えさせる例として、斎藤喜博にまつわる大槻の述懐を、長くなるが引用したい[60]。

「はい歩きなさい」と言えば、子どもたちは左右の足を交互に出して前進する。そこにはなんらイメージも、どう歩くのかという意識的な支えになるもの何ひとつない(ママ)。これではどんなに時間をかけて歩かせても、子どもたちの心にも、動きにも何の変化もおこらないばかりか、単なるくり返しに子どもたちは、倦々してしまい崩れるばかりだ。こんな時、斎藤先生は「みなさん、爪先にも踵のまわりにも、色とりどりのお花が敷きつめたように咲いていますよ。そういう広い野原を歩いてみて下さい」と言われるのである。子どもたちは爪先に集中し、踵を風船のように柔らかにした歩き方に変わっていった。しかし子どもたちのからだは爪先へと気持を集めるので自然に前屈みに覗き込むようになってしまう。すると斎藤先生は「おや、お花のいい臭いがあちこちから飛んできますよ。その美味しい御馳走をいただきましょう」と、すかさず第二のことばを発せられるのだ。子どもたちはにこにこしながら、上体を開き、股も高くすい上げ、そっと下ろす爪先の柔らかさは、まるで花に囁きかけるようなリズムをもったものに変わっていた。このような斎藤先生の「ことば」は子どもたちの心に「イメージ」をつぎつぎに湧きたたせ、表現を変えていったのである。

大槻が、「イメージを湧きたたせる」とか「イメージを子どもに入れる」といったことばを使うとき、ここに挙げたような、子どもたちへの斎藤喜博の言葉がけが基礎にあるように思われる。しかし、言葉がイメージを湧きたたせるとは、どのようなことなのだろうか。言葉とイメージはどのような関係にあるのだろうか。「イメージを子どもに入れる」とは、何をすることなのか。

イメージという言葉の意味は、「心に思い浮かべる像や情景、ある物事についていだく全体的な感じ」（大辞林）とか、「想像・思考などによって、心の中に描き出される像」（明鏡国語辞典）とされている。例えば「イメージがわく」とか「これはイメージと違う」といった用例は、このような意味から導かれる。かつ、このような日常的な用例におけるイメージはあくまで「私の」ものであって、イメージは、極めて個人的な頭の中の働きとその働きが生み出す内容を指示している。このように考えると、「私」が「心に思い浮かべる像や情景」を教師が「湧きたたせる」とか、ましてイメージを教師が「入れる」などというのは、子どもの内面に教師が踏み込んで操作しようとしているかのように思われてしまう。

しかし、大槻や斎藤が授業の中で示しているのは明らかに逆の事態である。もし子どもたちが斎藤の指示に従って「広い野原を歩いてみ」ようとしているなら、本当に歩いているのは広い野原ではないのだから、子どもたちは想像や思考などによって心の中に野原を描き出し、そうして出来上がった野原の像に合わせて自分の足を動かさなくてはならない。このような思考を子どもたちはできるかもしれないが、先に考察したように、この瞬間、子どもたちの身体からリズムは失われる。それどころか、イメージを指示することが、子どもの身体に抑制を加えることにさえなる。

この考察によって明らかになるのは、イメージを辞書的な意味でとらえると、大槻や斎藤が目指す授業の事実とは不整合がおこるということであろう。イメージは固定的、個別的なものではなく、動的で共同的なものととらえられなければならない。

精神人類学の藤岡（1974）は、イメージが動的で共同的なものであることを、豊富なフィールドワークと実験によって明らかにしている。「人間はイメージを蓄えた世界そのものであり、いわばイメージ・タンクである」と藤岡はいう[61]。私たちは、生活の中で経験し、知識として与えられたこと、そうしたことのすべてを歴史的に蓄積している。私たちの五感に訴える様々なことは、私たちの知覚を形作り、イメージになって蓄えられる。重要なことは、これらを記憶と言い換えることができないことである。イメージは変形し、運動し、想像活動を生み出す。知らない世界や実在しない事柄さえもイメージとして浮かんでくることがあるのは、イメージのこのような動的な性質によっている[62]。

そして、もう一つイメージに関して重要なことは、イメージは身体的なものであるということだ。藤岡は「人間はもともと心身一如の存在だから、いくらかの身体的イメージをともなわないような精神的イメージを思いだすのは困難だし、逆に、いくらかの精神的イメージをともなわない身体的イメージを思いだすこともやはり困難である」[63]という。遠くまで歩くことをイメージしたらそのことだけで疲れてきたとか、旅行の計画を立てていたらだんだん楽しい気分になってくるといった、私たちの日常の身体の状態の感じ方や感情の変化は、まさにイメージの内容が精神的でもあり身体的でもあることを示している。

イメージを藤岡がいう意味でとらえるならば、斎藤喜博の言葉がけの意図も明らかになる。斎藤が「みなさん、爪先にも踵のまわりにも、色とりどりのお花が敷きつめたように咲いていますよ」と子どもに言うとき、「花が咲いている」という情景を子どもに思い描かせることが目指されているのではない。美しい花が多く咲いている大地を目にしたときの人間の感動、花いっぱいの大地に自分の足を踏み入れるときのこわごわした気分が子どもの身体に喚起されることが、この言葉がけによって目指されているのである。そういった感動や気分が、子どもの体の動きを自ずと定めて、子どもの身体に変化を起こすことを、斎藤は知っていたのだろう。斎藤の言葉で「子どもたちは爪先に集中し、踵を風船のように柔らかにした歩き方に変わっていった」のは、イメージが子どもたちの中に想起されたことを示している。

しかし、斎藤の言葉に従って歩いてみた結果、子どもたちは「爪先へと気持を集め」、「自然に前屈みに覗き込むようになって」しまった。このような姿勢に子どもたちがなってしまうのは、おそらく子ども自身にも知られないうちに、先生の指示という抑制に従って子どもが身体を動かしていることを示している。このとき、イメージは子どもの内側から失われている。イメージを失うということは、子どもが自分の精神も身体も忘れてしまうことを意味する。このことは、イメージを喚起した同じ言葉が、直ちに子どもの身体の動きを縛るものにもなりうることを示している。

大槻は、そのことを見てとった。そして斎藤自身もまた、自分が発した言葉に縛られた子どもたちを解放するために、「すかさず第二のことば」を投げかける。それが「お花のいい臭いがあちこちから飛んできますよ」という言葉である。身体的イメージは精神的イメージを伴う。第二の言葉を聞いて、「お花のいい臭い」が子どもたちのイメージ・タンクから想起され、そのイメージが精神と身体を動かす。子どもたちは、にこにこしてしまう。このとき、子どもの身体を動かしているのはイメージそのものであり、教師の言葉ではなくなる。大槻は、このようにイメージを自分の世界にして動き始めた子どもたちの動きが、「まるで花に囁きかけるようなリズムをもったものに変わっていた」と描写している。

斎藤が実践してみせたように、教師が与えた言葉は、教師から発せられた後は子どもたちの身体的かつ精神的な世界そのものとなって、子どもの身体を動かす。「イメージを湧きたたせる」ということは、このように身体的かつ精神的なイメージを教師が言葉で表し、表された言葉の内容が子どもの身体に引き受けられることだといっていいだろう。同じことを教師の側からいえば、「イメージを湧きたたせる」とか「イメージを子どもに入れる」ということは、教師が子どもの身体に言葉を使って働きかけることを通して、子どもの身体の中に動的で共同的なものが「タンクいっぱい」にあるということを子ども自身に想起させ、それらを表出させることだといえよう。

5. 対応と構成①――対応について

大槻は基本的リズムを論じる言葉として、「集団による対応性と、作品（教材）のドラマ性を強調するための集団の構成をつくる」という。この言葉はどのように理解すべきであろうか。というのは、リズム表現という実践を論じるとき、一般にはこのような言葉は用いられないからである。基本的リズム、ステップ表現という実践において、対応や集団、構成とはどのような意味があるのだろうか。なぜ大槻は、これらを「基本的」と位置づけるのだろうか。

大槻は、対応について、次のように述べる[64]。

私は子どもたちの表現の指導をしながら、斎藤先生からの借りものだが、子どもたちに向かって「後に眼がほしいの」とか「心を寄せるということは、相手と距離を狭めることではなくて、むしろ距離をおいて、表現で糸をぴんと張ることです。だから、後むきにいても、お互いに心の糸を張って下さい」といいながら、実際に表現をさせてみたものだった。相手と対応し相手と呼吸することによって、自分の表現がよりいっそう豊かに拡大されていくものだということを体験させることによって、子どもたちの表現への意欲はあらたな広がりを持ったのだった。

この部分から対応の内容に相当する言葉を挙げるなら、対応とは、お互いに心の糸を張ること、相手と呼吸することとなる。しかし、心の糸を張るとは比喩であり、それが呼吸とどのような関係にあるのかもわからない。対応の内実を考察するために、続けて、大槻の別の記述を引用したい。次の引用文は、ある教師が書いた授業研究会の感想を取り上げながら、大槻が対応について論じた文章である。

こうした他との交流、対応、そして構成についてもイメージとか基本的なリズムの問題を確実にとらえながら、〔その先生は〕次のように書いている。（……対応とはこうしなくてはいけないと決められ固定されているものではなく、相手やまわりの状況に応じて、表現が拡大されるように、その場に一番ふさわしく動くことだとわかりました。……）と。対応し交流していくなかで、個々の表現はいっそう輝きを増していく。（〔 〕内筆者補足）[65]

大槻が、基本的リズムの問題を確実にとらえていると評価する教師は、対応とは相手やまわりの状況に応じてその場に一番ふさわしく動くこと、と述べている。すると、大槻がいう「対応」には、次の内容が含まれる。

① 自分が向き合う相手がいるということ
② 「向き合う」といっても、その相手との距離を縮めたり実際に対面したりするといった物理的な関係をいうのではないこと
③ 相手との関係において呼吸をすること
④ その都度の関係や場の状況にふさわしい動きをすること

では、対応は、音楽表現の授業においてどのように実現されるのだろうか。

演出家であり身体と言葉の関係について思索を続けてきた竹内敏晴は、あるレッスンで「通りゃんせ」を合唱したときに起こったことを次のように語る[66]。まず、何の前提もなしにみんなで歌った。このときの歌は「わらべうたというと、どうして、だれでも、あんなふうに、ひどく叙情的というか、やさしげに、メロディーをひきのばしてリズム感の乏しい、甘い歌い方をするのでしょうか」[67]と竹内が考えてしまうような表現だったとい

う。その後、竹内は参加者たちに「通りゃんせ」の歌の内容についていくつかの質問をする。「『通りゃんせ』って、どういう意味?」、「じゃあ、(お通りなさいと)そう言っているのは誰?」、「じゃあ、言われているのは?」。こういった質問を次々と畳みかけ、それに参加者たちが迷いながら答えていくうちに、この歌は道を塞いでいる人と通ろうとしている人の対話であることがはっきりしてくる。

竹内は歌の内容をそこまで確認した後、参加者を二組に分けて向かい合わせる。そして「通りゃんせ」を歌うのではなく、ことばで話しかけるように指示する。しかし、参加者たちの姿勢は棒立ちで一斉に声を出してしまう。一対一で相手に話しかけるように、と指示すると心もとない声がでるばかりだったという。[68]

そこで竹内は「ひとりひとり前の組にはいっていって相手の人の腕をつかんで、引っぱりながら言ってみて。そして向こうへ通してやるとどうなる?」、「引っぱられる人たちは、ほんとに『お通りなさい』と言われた気がしたら通りぬけて行ってください。もしそうでなかったら立ちどまるなり、逃げ帰るなり勝手にすること」と、このような指示を参加者たちにした。すると、「このへんからだいぶみんなざわめいてきた」という[69]。参加者たちは互いを引っ張り、そのことで息が乱れ、声は大きくなり、笑い声が出る。かと思うと、優しい声で相手に語りかける。参加者たちはこうして相手に働きかけることができるようになった。そして竹内はこの様子を見て、「やっと〔歌詞が〕『ことば』になってきたのです」という（〔 〕内筆者補足）70。

このエピソードには、「通りゃんせ」という歌の中には少なくとも「お通りなさい」と言う人とそれを言われている二人の人が「いる」ということ、そして、これらの人たちの間に何らかの「のっぴきならない」事情があるということ、そして、歌っている人たちがこれらを全く「忘れて」いるということが示されている。

しかし、このエピソードが教えてくれるのは右のことだけではない。ここで示されているのは、歌詞の意味内容を考えずに歌を歌うということが、私たちには可能であるということである。竹内のレッスンに参加した人たちは、「通りゃんせ」が「お通りなさい」を意味しているとか、少なくとも二人の人間で道を通過することができるか否かのやり取りが行われているという状況とか、「この子」と呼ばれる幼児が同伴しているらしいとか、このような内容を「知って」はいた。だから、竹内に歌詞の意味を質問されたとき、その質問に答えることはできる。それでいながら、参加者たちは歌詞の意味内容を「わかっていなかった」。そのことが最初の歌の様子、叙情的でやさしげで、リズム感の乏しい甘い歌い方に表れたのである。

参加者たちが「通りゃんせ」を漠然と「子どもの遊ぶ歌」ととらえているとき、歌の中に「のっぴきならない」状況に立たされている人間がいるということを彼らは「わかっていない」。竹内は、いわばこの「のっぴきならない」状況を「わかる」ことを参加者たちに強いたのである。「わからせる」ために、竹内は参加者たちの身体を動かさざるをえなかった。竹内の言葉を借りれば、目の前にいるもう一人の相手に話しかけるという身体の動きを通して、さらには相手の腕を引っぱるという身体の動きを通して、誰に向かって意思を表し伝えるかという基本志向を教える必要があったということになる[71]。

以上の竹内のエピソードは、歌に込められている対応を、身体を通して呼び起こす出来事だと理解することができる。そして、このエピソードが教えてくれるのは、対応とは外からもってくるものではなく、歌の「中」に込められているものであるということである。込められているものを顕在的にすることで、対応の仕方は自ずと決まってくる。

リズム表現の実践で教材に歌詞がない場合でも、事情は同じである。リズム表現の場合、教材である楽曲を、子どもたちも教師と一緒に聴いている。したがって、その旋律や拍節を子どもたちは「知っている」。けれども、ただ拍子に合わせて手足を動かしているとき、子どもたちは楽曲に込められているものを「わかっていない」。教師は、子どもの身体に「わかる」ことを要求する。先に引用した「色とりどりのお花が敷きつめたように咲いていますよ」、「広い野原を歩いてみて下さい」といった斎藤喜博の言葉は、楽曲が表現するものに即して楽曲の中から引き出され、その楽曲が表現するものを子どもたちに「わかる」ようにさせている。

教師が楽曲に込められているものを顕在化し、その内容を子どもたちが共有すると、子どもたちは互いを見て、一緒に動いたり、一緒に呼吸をしたりするようになる。距離を縮めたり離れたりするにも、自分の判断がそこに入るようになる。リズム表現の中に子ども自身の身体の動きが生まれ、対応が呼び起されるのである。

このように考えると、対応するということは、子どもたちが、教材について「知っている」状態から「わかった」状態になった後に実現するように思われる。大槻の「表現で糸をぴんと張ること」、「後むきにいても、お互いに心の糸を張って下さい」という対応を示す比喩は、子どもたちに、相手の存在に気持ちを向け、相手と呼吸することを要求することを意味している。しかし、それは外的な要求であってはならない。対応の要求が、子どもにとって教師から与えられる外的な要求であったら、その都度の関係や場の状況にふさわしい動きをするということが、教師の命令ないし指示に従って動くということになってしまう。そのとき、子どもの動きは子ども自身の身体の動きにはならない。

相手に気持ちを向け、場の状況にふさわしい動きができるかどうかは、教師が子どもを「知っている」状態から「わかった」状態へと移行させることができるかどうかにかかっているのではないだろうか。それが実現したとき、対応は子どもの表現の中で自ずと引き出されるし、自ずと引き出されるから子どもたちは互いに「心の糸を張る」という言葉で言い表される状態になるのである。

対応が定まれば、「作品（教材）のドラマ性を強調するための集団の構成をつくる」という課題は、対応の内容がそれを自ずと引き出すことになる。つまり、どう対応すればいいのかという具体的な考えが定まれば、教材の中で、その場にふさわしい動きが何であるかも、自ずとみえてくるのである。教師はそれを明確化しなければならない。それがドラマを強調するということの意味であろう。

6. 対応と構成②――構成について

対応が定まれば、ふさわしい動きも自ずと定まる。それを組織化し明確化するのが、構成という仕事である。構成は、作品（教材）のドラマ性を強調するために、子ども一人ひとりを要素として全体を有機的に組織する仕事といえよう。

しかし、構成を教師がつくり、その内容を子どもたちに体現させるという仕事は、外形だけを見ると、教師が考える内容を子どもに押しつけ、教師の指示に子どもを従わせることのように思われてしまう。教師に善意があり「そんなつもりではない」と思っていても、構成という仕事は、その内容を表現に形作ろうとする授業の段階で、教師の考えを子どもに押しつける可能性を孕んでいるといわなければならない。芸術作品としての教材を表現しようとする教師の手立てや熱意が、却って子どもの美的生成や解放を阻害してしまうのである。

大槻は、構成の難しさを次のように述べる[72]。

……〔斎藤喜博が校長だった当時の境小学校では〕表現ではステップが、いやそれどころか、ステップのリズムが体育や歌などすべての子どもの活動の基礎になっていた。しかし表現をつくり出す過程で子どもの動きをみながらこれを組織し構成することのむずかしさは、私自身にとって、「組織学習」での試行錯誤の状態とまったくひとつのものである（〔 〕内筆者補足）。

「組織学習」とは、斎藤喜博が提起している授業論である[73]。大槻は組織学習について述べる斎藤の次の言葉を想起している。

「一時間の授業のなかに起承転結があるように、長文の場合でも全体の学習展開を起承転結のみとおしを持って組織すれば、学級全員の子どもが教材の本質に迫る事ができるのです。授業とは火だねを見つけて炭をうまく四方から積み上げながら組織することですよ」[74]。

表現指導において難しいのは、子どもの動きをみながらそれを組織し構成することであり、起承転結を見通して全体を組織し、子ども全員を教材の本質に到達させることである。

その難しさが「火だねを見つけて炭をうまく四方から積み上げること」という比喩で語られている。

ここで明らかなのは、構成とは全体を組織することであるけれども、それは、教師がうまく子どもの動きを作りながら組織するといったことではないということである。構成とは、火だねのような子どもの動き、未だ明らかではない子どもの内面の動きを見ながら、起承転結の見通しをもって、子どもたちの可能性を全体の学習展開として組織し、教材の本質に子どもを迫らせるということである。しかし、具体的にそれは教師が何をすることなのだろうか。

構成するということが、教師の仕事としてどのような具体的内容をもつのかを考察するために、大槻が、ある小学校の教師が実践したオペレッタ表現にコメントした原稿を手がかりにしたい[75]。

「門田さん」と呼ばれる教師が、「大工と鬼六」というオペレッタ作品で音楽表現をつくろうとしている。「門田さん」は川の表現をつくるのに子どもたちに語らせ、様々な手立てをとって子ども自身の表現を辿り着こうとしている。しかし、体育館に場所を移して川の表現をしてみたところ、その表現は「全く迫力を欠き、こちらに迫ってくるものがない。ひとりひとりの表現は美しくはなっているが、個々バラバラで雑然と点在している」。大槻は、その原因が構成にあるのではと考える。

「門田さん」自身は、それまでの自分の手立てを次のように述懐している。「まず、私は『曲のここの所で、○○さんはこちらの方へこうするんだよ。』といったいい方で、子どもに、それぞれ、指示し、行動のしかたをいいきかせた。子どもたちは一生懸命『曲』をきき、私の指示に忠実に動こうとした。だが、その結果、子どもの意識は、『自分がなんでありどんな気持ちでどう身体を動かせばよいか』という課題から離れ「いつ、どう動くか」という末梢の問題に集中しはじめた。『表現』スケールは小さくなり、画一化され、いわゆる『曲に合わせた踊り』になってしまった。正直にいって、私には『構成』とは『表現』とは何かということがわかっていなかったのだ」。大槻は、このような「門田さん」の仕事を「まったく子どもを形にはめ込もうとしている」と考える。

「門田さん」は、「表現の原点に戻り」、イメージをつくることからやり直した。川の場面については五つのイメージを子どもたちと一緒につくり、どのような気持ちでどう動いたらよいかを子どもたちに考えさせた。子どもたちは、自分の動線を自分で考え、自分が今何を表現しようとしているかを考えた。自分が何を表現しようとしているかを自覚させることは、イメージをもたせることと重なる。対応を生み出すステップが、構成に組み込まれる。

こうして、子どもたちの表現は生き生きし、伸びやかになった。対応も生まれてきた。「門田さん」自身も川の表現が自然にダイナミックになったと感じ、自分の仕事の変化を、子どもの変化と共に認めることができた。

大槻は、構成は内容をつくるためにあり、内容によって構成はつくりかえられると考えている。同じことだが、「構成によって、子どもの表現内容は拡大され、拡大された表現内容が更にあらたな構成をつくる」という[76]。つまり、構成と内容は動的な関係にあり、どちらかが変われば一方も変わるのである。

「門田さん」が子どもたちに行動の仕方を個々に指示していたときは、つまり教師が子どもの動きをうまく組織しようとしていたときは、構成は固定的にとらえられ、教材のイメージも変化しない。このとき、子どもの表現は全く迫力を欠いていた。ただし、一人ひとりの動きは美しかったというから、このとき欠けていたのは対応だったと考えられる。対応は、相手や友だちと一緒に呼吸し、互いにふさわしい動きをすることだった。しかし、一緒に呼吸するときの「一緒」とはいつの時点を指すのか、作品のその場面でふさわしい動きとは一体何なのかは、教材について「知っている」状態から「わかった」状態にならなければわからない。だから「門田さん」は、構成を立て直すために、教材のイメージを子どもたちと共につくりなおすことから始めなければならなかった。教師一人で構成をつくりなおすのでは不十分だったのである。

大槻自身、構成と表現を子どもたちと共につくった授業を記録している。「ジョスランの子守歌」という歌曲でリズム表現をつくる実践である[77]。

昭和五十七年、体育祭での五、六年生女子の表現に、大槻は「ジョスランの子守歌」（コダール作曲）を選んだ。大槻は「どんな曲でも教師にイメージと解釈がありさえすれば、子どもたちに表現させることが可能ですよ」という斎藤喜博の言葉を、この曲で確かめてみたいと思ったのだという。大槻は一人で曲を聴き込み、約五分間かかるこの曲を六つの場面に分けた。次に体育館に子どもたちを集め、「どんな絵が浮かんできたか後で発表してください」という課題を与えて、「ジョスランの子守歌」を子どもたちと一緒に聴く。子どもたちから出てきたイメージは、全部で七つあった。その中から多くの子どもが挙げた二つのイメージを取り上げ、「……たくさんの人が描いた⑥⑦の絵を軸にして表現をつくりましょう」と子どもたちに了解を求め、子どもたちは喜んでその提案に納得した。

その後は、子どもたちにイメージを基に曲に合わせて動くよう要求する。しかしこのときの子どもたちの動きは、大槻には、一般的で類型的に見えた。大槻は、イメージをもっと具体的にとらえさせようと、「もっとくわしく川の流れの様子などを話して下さい」と要求する。子どもたちの発表の内容は様々だった。大槻は発表を受けてすぐ、これらの内容を強調して踊るよう要求する。

大槻は「ここで教師の大事な仕事があるのだ」という。それは、「子どもたちの動きの中から、表現をピックアップする作業」である。ピックアップした表現を、大槻は「Aちゃん式泉」とか「Bちゃん式白鳥」と呼び、全員の表現の中に組み込んでいく。

そして次に、構成について子どもたちと話し合う。大槻は自分のイメージを子どもたちに語りかけ、話し合われた内容を子どもたちに表現させる。子どもたちの動きが「単調だ」と判断すると、すかさず「氷にはりつめられた泉の水面に、こんなに大きな穴があいているかしら?」といった言葉をかける。こうした仕事を幾度も重ね、基本ステップなども取り入れ、子どもたちの動きはダイナミックに変わっていく。それでも、曲調の変化に合わせて、大槻は表現の変化を子どもたちに要求し続ける。

ここまでつくられると、大槻は子どもたちを再び集めて、次の場面の表現と構成を話し合う。子どもたちから出された考えは、大槻のイメージと全く合致した。すぐ表現づくりにとりかかる。ここで話し合われた「次の場面」は、旋律が初めの部分と同じである。しかし、大槻には意図があった。

……そこへ違う表現をさしはさむとすれば、解釈、イメージの裏づけがなければならない。だから私は、私の願うイメージと構成について子どもたちの了解を得るように話し合った。運よくそれに子どもたちが喜んで乗ってくれた[78]。

このような授業を経て、大槻と子どもたちは「ジョスランの子守歌」の表現を八時間で作り上げた。

大槻は、教材になる楽曲を選択し、それを聴き込み、楽曲の内容について自分のイメージや解釈をつくり、授業という場面に入ってからは楽曲のイメージづくりを子どもに委ねている。子どものイメージが明らかになると、それを自分のイメージと突き合わせる。具体的にどう動くかを決める段階になると、子どもたちの了解を求めながら動きを決めていく。それでいて、子どもたちの表現が単調だとか一般的だと判断すれば、大槻は子どもたちに表現を変えるように要求する。子どもたちの動きの中に価値ある表現を見つけたら、それを取り上げ、共有させ拡大する。大槻にとっては、このような過程が、表現と構成をつくるということなのである。

そしてここまでの考察において、大槻の授業記録に頻繁に登場する言葉が、解釈という言葉である。大槻は、斎藤喜博から、どんな曲でも教師にイメージと解釈があれば表現させることが可能だと教えられた。対応も構成も、教材の解釈の裏付けがあって定まってくる。教師は、自分の教材解釈をもって子どもたちに対峙する。

しかし解釈は、子どもたちの中にもある。大槻は常に、子どもたちから教材の解釈やイメージを引き出し、引き出されたものを整理し、自分の解釈と子どもたちの解釈をすり合わせる。そのすり合わせの過程は、表現づくりの授業そのものである。

しかし大槻は、子どもたちの解釈におもねったり、子どもたちにすべて「投げてしまう」といったことは決してしない。子どもの表現が不十分であるかどうかを判断するのも大槻である。子どもたちの表現に不十分さを見たときは、言葉がけによってイメージを湧きたたせ、子どもの身体から抑制を取り除く。その基準になるのは、大槻の教材解釈の内容であるに違いない。どんな曲でも教師にイメージと解釈があれば表現させることが可能だという斎藤の教えは、教材解釈が教師と授業にとってどれほど重要であるかを教えている。

構成とは、子どもの動きを見ながら、起承転結の見通しをもって全体の学習展開を組織するということだった。子どもの動きを見るとは、子どもの中に潜む解釈やイメージを見るということであり、子どもの動きに単調さや弱さを見るということであり、「〇〇ちゃん式」と名付けたくなるような価値ある表現を見ることであり、子どもの人間的力の開示を見ることであり、そして、子どもの変化を見ることである。起承転結の見通しをもって全体の学習展開を組織するとは、教材解釈に裏付けられた教師の願いをもちながら、明確な意図をもって子どもの高まりを実現するということ、大槻の実践記録は構成という仕事の内実を、このように示しているのではないだろうか。

第三章　大槻志津江の教育実践②
――教材解釈

1．教材解釈の重要性

大槻は子どもの美的生成、子どもの自己表現を実現するための具体的手立てをもっている。それがステップ表現という方法である。ステップ表現には呼吸、リズム、対応、構成といった重要な基本があった。授業を考える上で次に問題になるのは、教材であり、教材解釈という仕事である。例えば「ジョスランの子守歌」でステップ表現をすると決めた後、大槻は徹底的にこの楽曲を聴き込み、曲を六つの場面に分け、自分のイメージを作り上げ、そうした後に子どもたちに提示している。このように、授業場面で子どもたちと向き合うより先に、大槻はまずは自分一人で教材のイメージと解釈を作り上げている。これが教材解釈である。

大槻は、教材解釈の重要性を様々な機会をとらえて強調する。しかし、一般的に教材解釈という仕事の内実は、曖昧なままにとどまっているのではないだろうか。本章では、大槻の教材解釈の仕事を解釈しながら、教材解釈という仕事は本来的には何をすることなのか、教材解釈をするとき教師に何が起こっているのかを考察したい。

教材解釈と似た言葉に、教材研究がある。一般には、授業づくりには教材研究が必要であるといわれる。教材研究とは、教材の本質を深く理解した上で、その教材を通して学習者にいかなる能力を身に付けさせるか、そして、そのためにどのような授業を構成していくかを考えることである。そして、教材の本質を深く理解することが、教材解釈とされている（参照：『現代教育方法事典』「教材研究と教材解釈」の項）[79]。では、教材の本質を深く理解するとは、いかなることなのだろうか。

教材は、それ自体に歴史があり、その概念や種類を限定的に述べることはできない。例えば「教材開発」といった言葉があるように、教師が自ら生活の中で見つけた素材を教材へと高めるという仕方があるなど、教材の成り立ちや内容は様々である[80]。音楽表現指導においては、多くの場合、教材としての音楽作品は楽譜のような形で教師より先に在り、その意味において、音楽表現の授業における教材は、それ自体として「ある」といえるだろう。教師はそれを「後から」読み解いていく。その読み解きとしての教材解釈は、教材の本質の深い理解に及ばなくてはならない。その仕事を、大槻はどのように実現させているのだろうか。

以下、大槻の教材解釈を考察するために、大槻が書き記した「三まいのおふだ」というオペレッタの教材解釈の記録を手がかりにしたい。

2. オペレッタ「三まいのおふだ」と大槻志津江の教材解釈

オペレッタは、一つの物語の上に、合唱、独唱、せりふ、舞踊が組み合わされた総合表現の教材である。大槻は、オペレッタを指導する度に、その作品の解釈を練り上げ、教材解釈の仕方などを多くの教育現場の教師たちに教えている。

ここで取り上げる「三まいのおふだ」は、オペレッタの中でも三歳児や小学校一年生など、初めてオペレッタに触れる子どもたちに表現させることが多い作品である。

【「三まいのおふだ」せりふと歌詞】81

水沢健一　再話
梶山正人　作曲
田中憲夫　脚色
佐々木宏明

群読　むかし
むかし（全）

やままたやまの
やまおくの（全）
おしょうと　こぞうが　すんでいた
おしょうと　こぞうが　すんでいた
（陰の方から、こぞうの声がする）

こぞう「おしょうさん。やまへはなつみにいってくるでのう。」

歌1

おひさまかんかん　いいてんき　おつとめよりも　なによりも
はなつみすきな　こぞうさん　きょうもやまへ　いきました
ひとえだきっちゃ　ぶっかつね　ふたえだきっちゃ　ぶっかつね
みえだきっちゃ　ひがくれた

こぞう「あれえ。くらくなって、みちがわからなくなった。こまったぞ。」

歌2

みちにまよった　こぞうさん
あっちへうろうろ　こっちへうろうろ
いつまでたっても　わからない　よるだけどんどん　くらくなる

語り　ようやくこぞうは、ピカンピカンのあかりをみつけ、ちいさなうちにたどりついたって。
こぞう　「こんや　ひとばん　とめてもらえるかの。」
おばば　「おう、とまれ、とまれ。」（こぞうを、おばばのそばにねせる）

おばばの歌　ぺらんぺらんのぺらん　こぞうのあたまはうまそうだ
ざらんざらんのざらん　こぞうのおしりはうまそうだ

あまだれの歌　てんてんてん　あまだれてん
てんてんてん　てんてん　てらのこぞう
かおみろ　かおみろ　てんてんてん

語り　あまだれのおとでめをさましたこぞうはおばばのかおをみると、くちはみみまでさけたおっかなげなおにばばさだった。
こぞう　「おばば。おれ、べんじょへいきたい。」
おばば　「おれの　てのなかへ　しれ。」

こぞう「もったいない。おばばのてのなかになんかしられない。もうたれそうだ。」
おばば「それならいってこい。こしをなわでしばってからな。」
（こぞう、こしになわをつけたままべんじょへいく。）
おばば「こぞう　こぞう　いいか。」
こぞう「まだ　まだだ。ピーピーのさかり。」
語り　こぞうのようすをずっとみていた、べんじょのかみさまは、「この三まいのおふだをもって、はやくにげていけ。」としろいふだと、あおいふだと、あかいふだをくれたって。（こぞう、ふだをもってにげだす）
おばば「こぞう　こぞう　いいか」（おばば、キツンと　なわをひっぱる）
べんじょのかみさま「まだ　まあだ。ぴいぴいのさかり。」
おばば「いつまで　べんじょにいる。」（おばば、ギッツンとなわをひっぱる。なわだけとんできて、おばばが、ひっくりかえる。）
おばば「ああっ。いてて。こぞうめにげたな。」

歌3
さんまいのおふだをもった　こぞうさん
くらいやまみち　むちゅうになって　とっとことっとこ　にげていく
そのすぐあとを　おいかける　まっかになって　おいかける

どんどん　どんどん　おいかける

（こぞうは、おばばにおいつかれそうになったので）
こぞう「おおやまに　なあれ。」（と、しろいふだをうしろになげつける）

おおやまの表現——曲1

おばば「こんな　やま、なんだ。」（また、おばばにおいつかれそうになる）
おばば「こぞうまて、こぞうまて。」
こぞう「おおかわに　なあれ。」（と、あおいふだを、また、うしろになげつける）

おおかわの表現——曲2

おばば「こんな　かわ　なんだ。」（またまた、おばばにおいつかれそうになる）
おばば「こぞうまて、こぞうまて。」
こぞう「おおかじに　なあれ。」（と、あかいふだを　またまたうしろになげつける）

おおかじの表現——曲3

おばば「こんな　かじ　なんだ。」

歌4

しろいおふだで　おおやまだして　あおいおふだで　おおかわだして
あかいおふだで　おおかじを　だしてもおにばさ　こえてくる
とがったつめと　しろいかみ　まっかなくちを　みみまであけて
こぞうをたべにおってくる
いきもわすれて　こぞうさん　どんどこどんどこ　にげてきて
やっとこ　おてらに　たどりつく

こぞう「おしょうさま　はや　とをあけてくんなせ。」
おしょう「おうい。いま　おきて。」
こぞう「はや　はや。」
おしょう「おうい。いま　ふんどししめて。」
こぞう「はや　はや。」
おしょう「おうい。いま　おびしめて。」

こぞう「はや　はや。」

おしょう「おうい。いま　ぞうりはいて。」

こぞう「はや　はや。」（やっと、こぞうをきょうばこのなかにかくす）

おばば「こぞうが　ここへきたろうの。」

おしょう「いや、おれ、しらねえな。」

おばば「そうせば　おれやさがしするがいいかの。」

おしょう「いや、そのまえに、おまえとおれと、じゅつくらべをしよう。おまえ、おおにゅうどうになれるかの。」

おばば「そんなのは　たやすいことだ。」

おおにゅうどうの表現——曲4

おしょう「よし。それなら　こんだ　ちいさなまめになってみれ。」

おばば「そんなのは　たやすいことだ。」

まめの表現——曲5

語り　おばばは、くるんとひっくりかえって、ちいさな　ひとつぶのまめになった。ほうしると、おしょうさまは、そのまめをくちにいれてガリガリかじって、のんでしまった。

フィナーレの歌

かぜが　ひゅるひゅる　ふくたびに　きは　さわさわうごきだす
やまもごんごん　うなりだす
こぞう　こぞう　やまにこう　こぞう　こぞう　あそびにこう
ほんのり　ふんわり　まねいてる
こぞう　こぞう　とめてやるでのう　とめてやるでのう
こぞう　こぞう

【大槻志津江の教材解釈――オペレッタ「三まいのおふだ」】82

二〇〇八年五月
民話から生まれたこの作品は、明るいリズムカルな場面と、力と力が拮抗するダイナミックな場面という両面性を持った起伏に富んだ楽しい作品である。

（1）作品の特徴と表現

①この作品の主軸である中心人物である、小僧の機知に富んだすばやい行動力によって、物語は展開していく。この小僧の小気味よい判断力とか的確性など驚くばかりである。子どもたちもきっと、こうした点に興味と共感を寄せるだろう。これが第一の特徴である。このように、子どもたちの心に弾みがあってこそ、表現もまた子どものものとなる。小僧を中心とした教材の弾みが、自然に子どもたちの弾みを生み出すという、オペレッタに適したよい作品であると思う。

②次の特徴は、演出の具体性にある。山、川、火事、これらは子どもたちにとって、身近な自然現象であり、イメージをともないながら、表現しやすいのではないか（大入道など非現実のものは教師の補足に待つ）。

③小僧へのすくいの手の内にも具体性がある。すくいの手の基調をなすものは心の優しさ、おおらかさであることは言うまでもない。このような心をすくいの手で具体化している。例えば、小僧のねむりを覚まさせるのは雨ではない。雨だれの雨音である。便所の神様が三枚のお札を色分けし、魔力を吹き込むのも目的に向かっての具体性である。

④山また山の山の奥……決して険しい山には思えない。こんもりとした暖かさを感じる山々、吹き渡る風のさわやかさ優しさ、自然そのものも小僧をいとおしみ育んでいる

ように思われる。

⑤演出と歌曲との連繋によって、ストーリー性の高い演出が歌曲の挿入によって、イメージがより豊かになり、作品自体、光彩を放つ。

(2) 小僧に視点をあてた教材解釈

①作品の冒頭の小僧の言葉から

「おしょうさん、やまへ、はなつみにいってくるでのう」

小僧が和尚に正面きって同意をもとめたのではなく、陰に身をひそめ遠慮深そうに言っている言葉のように思え、小僧の姿を思い浮かべるといとおしささえ感じる。和尚からはなぜか返事がない。けれど小僧は、寺からぬけ出して、弾む足どりで山に向かう。秋の日射しは明るく、澄み渡る。

②季節はいつか

・私が秋としたのには理由がある。フィナーレ歌9で「風がひゅるひゅる吹くたびに……」と歌う。ひゅるひゅるという、かすかな物悲しさ心もとなさを呼ぶ風の音は、春風や夏の季節にはあわない。やがて訪れる冬の季節の到来を思わせる。(しかし、ここで必ず反論が出る。花つみは春だ! と)

・秋にも花はある。香り高い木犀とか、ひいらぎとか枝々にびっしり花をつける。萩など秋の七草も。

・歌1「三枝切っちゃ日が暮れる」　秋の釣瓶落としの日暮れを思う。

③花つみとは

小僧の花つみは、ア．花つみだろうか、イ．花を積み重ね束ねることだろうか。

歌1「一枝切っちゃぶっかつね」である。（「ぶっかつね」、いろいろ解釈があってのことだが、私流を許してもらって子どもにかつぐ表現に変えた）小僧は枝を切った。

花つみである。枝々には花がある。花がほしいから枝を切る。

小僧の花つみはイ．である。花のついた枝を束ねて籠に積み込んで寺に戻り、本堂に飾ろうとするにちがいない。

幼い小僧（私は十二歳くらいに思うのですがどうでしょう?）にしては、枝切りの仕事はきつい仕事だったろう。小僧の汗が光る。このような小僧のひたむきさは、どこから来ているのだろう。小僧には願いがあった。修行僧になって仏に仕えようとする思いは忘れてはいない。そのひとつが花つみである。

④うろうろする小僧

・しかし小僧は時には修行の道から逃げ出したくなるようなこともあったのだろう。歌1「おつとめよりも何よりも花つみ」が好きになる小僧。寺以外の自由な空気も吸いたくなることもあるだろう。こうした心のうろうろもあったろう。

・ひたむきに花枝を切る小僧であったから、秋の日のかげるのも知らず夜になってしまった。歌2で寺に帰る道を探す小僧は、どんなに不安と悲しさにおそわれたことだろう。孤独からぬけ出そうとするあせりの中には、和尚の許しもなく寺をぬけ出してしまったことの自省の思いが胸を突く。

⑤罠の灯

・とうとう小僧は赤い罠の灯に誘い込まれる。小僧を餌食にしようと、手ぐすねひいて待っている鬼ばさの罠であることにも気づかずに、小僧は眠りに落ちる。雨だれの音に目覚めた小僧は丁丁発止と鬼ばさに対抗する。そうする中で小僧は逃れるための手を考えているのだ。

⑥三枚のお札

・小僧の頭にひらめいたのは便所という落とし餌である。鬼ばさも然るもの、「おれの手の中へしれ」と。とうとう縄をつけられたまま便所に入る。「まだまだだ。ピーピーのさかり」下痢を想像して鬼ばさはたじろぐ（このやりとりを見ても小僧の機知と敏感さはみごとである）。

・この様子を便所の神様はどう見ていたのだろう。小僧の頓智を使い分ける賢さへの感動窮地に追い込めたら小僧を助けようその方法は？

（こぞうのようすをずっとみていた、べんじょのかみさまは）考えあぐねていた。結果考え出したのが三枚のお札であった。人間世界では持ち得ぬ不思議な力を持った便所の神さまは、三枚のお札にその力を与えて、小僧の守り札に変えてしまった。白、青、赤という色べつにその役目も与えてしまった便所の神さまには、小僧を難から逃がそうとする用意周到さがみられる。

⑦妖怪変化の鬼ばさ

おばばという呼び名から鬼ばさという呼び名に変わったところに、目を付けたい。勢い込んだ鬼ばさの怪力は尽きるどころか勢いづいてゆく。そして三枚のお札の力によって出現した山、川、火事も鬼ばさは全部「こんな――なんだ」と打ち負かしてしまう。悪が世に蔓延ったという感じである。

⑧泰然たる和尚

・裸一貫になった小僧は、命からがら、和尚のもとに逃げ込み助けを求める。すべてを見通していた和尚は、逃げ帰る小僧を焦らしながら対応する。泣きべその小僧と、居丈高の鬼ばさと、含み笑いさえ覗かせる和尚と、三人三様で面白い。

・大入道を要求しても豆を要求しても自分を過信している鬼ばさには和尚の意図するものは見抜けない。「たやすい、たやすい」と知恵のある和尚の罠にはまってしまう。語りにおばばは（鬼ばさとは言っていない）、くるんとひっくりかえって……（ここまでくると鬼ばさも単純さが見えてかわいくなる）身をおどらせて豆になってしまう。

・和尚は、小僧が自ら選んだ花つみの旅を、修行行脚の旅に変えて、ますます成長していってほしいと願ったことだろう。

・利発な小僧はきっと和尚の願いを、心に刻みつけながら、和尚をふくめてその立派な僧侶への憧れの灯をたやさずに励み続けてゆくことだろう。

・一見大さわぎ連続の物語のように思われがちだが、読み深めることによって、そこには人間模様が存在し、戸惑いを知り、涙のあたたかさ冷たさを身に感じながら、前向きに自分の信じる道に向かって前進してゆく小僧の姿を、子どもたちが感じとって表現してくれたら嬉しいと思いながら、私の幼い解釈を終わりにします。ご判読下されば助かりますし、又怪しいところはお教えください。

（これを表現の構成に写しかえる仕事は次の仕事ですが大変だと思います。おそらく単純化してしまってうすまる事でしょう）これから考えてみます。

3. 大槻志津江の教材解釈を解釈する

「三まいのおふだ」の歌詞や台本を読むとき、私たちは各々の言葉の意味や文脈としての物語を理解しながら読む。しかし大槻は、例えば「おしょうさん、やまへ、はなつみにいってくるでのう」という小僧のせりふの中に、小僧の性格と目論見を読み、和尚の意図を読み、季節を読み取っている。その読み取りは、言葉の意味や文脈を追うだけでは、実現できない。

以下、大槻が教材のテキストから何をどのように読み取っているのかを考察する。傍線は引用者による。

(1) 作品の特徴と表現

まず、大槻は「三まいのおふだ」という作品全般を俯瞰したときの解釈を記述している。

①この作品の主軸である中心人物である、小僧の機知に富んだすばやい行動力によって、物語は展開していく。この小僧の小気味よい判断力とか的確性など驚くばかりである。子どもたちもきっと、こうした点に興味と共感を寄せるだろう。これが第一の特徴で

ある。このように、子どもたちの心に弾みがあってこそ、表現もまた子どものものとなる。小僧を中心とした教材の弾みが、自然に子どもたちの弾みを生み出すという、オペレッタに適したよい作品であると思う。

大槻は、中心人物である小僧の性格を「機知に富」み、行動力があり、小気味よい判断力をもっていると読んでいる。台本のどの部分からそれが読み取れるかは、この部分では明らかにはされていない。しかし、大槻はこのことに子どもたちも「興味と共感を寄せるだろう」と予想している。大槻は、このように子どもたちを興味と共感を起こすこと、子どもたちの心に弾みをもたらすということに、「三まいのおふだ」の教材としての価値をみている。大槻にとって、「オペレッタに適したよい作品」という評価は、子どもにとってどのような価値があるか、子どもが興味と共感を寄せるかどうかということにかかっている。教材解釈の初めの段階から、大槻の読みは子どもに向かって開かれている。

また、大槻が図らずも「三まいのおふだ」のことを「作品」と呼んでいることに着目したい。「三まいのおふだ」のテキストは、文学作品ではない。しかし、民話という歴史を経て現存している「お話」には、人間の本質が潜んでいることを大槻は読み取っている。「潜んでいる」というのは、通常、平仮名で書かれた簡易な幼児向けのお話には、文学作品のようには人間の深淵が描かれていると思われていないからである。しかし、大槻にとっては、「三まいのおふだ」は、教材である限り「お話」ではなく作品である。作品である以上、「三まいのおふだ」には子どもと共に志向する価値ある意味内容が含まれている。真の本質を志向することにおいて、教師と子どもとは、同じ意味内容に属した存在になることができる。

②次の特徴は、演出の具体性にある。山、川、火事、これらは子どもたちにとって、身近な自然現象であり、イメージをともないながら、表現しやすいのではないか（大入道など非現実のものは教師の補足に待つ）。

この部分でも、大槻は「子どもたちにとって」という視点を明らかにしている。そして、「子どもたちにとって」という視点は、子どもたちがイメージをもつことができるかどうかという内容をもっている。その観点から、山、川、火事と大入道は区別される。

③小僧へのすくいの手の内にも具体性がある。すくいの手の基調をなすものは心の優しさ、おおらかさであることは言うまでもない。このような心をすくいの手で具体化している。例えば、小僧のねむりを覚まさせるのは雨ではない。雨だれの雨音である。便所の神様が三枚のお札を色分けし、魔力を吹き込むのも目的に向かっての具体性で

ある。

「小僧へのすくいの手」とは、「雨だれ」と「べんじょのかみさま」を指している。これらは、作品の中では別々に登場する。「雨だれ」と「べんじょのかみさま」の関係はわからない。しかし大槻はこれらを合わせて「すくいの手」と表現する。両者を「すくいの手」と表記することで、小僧の命を助けたものを神秘的な存在へと抽象化しているようにみえる。

かつ、「すくい」という言葉は台本には書かれていないので、この言い換えには「雨だれ」と「べんじょのかみさま」に対する大槻の価値的な解釈が示されている。「すくい」には困窮者に対する慈悲がある。

大槻は、すくいの手の基調をなすものは心の優しさ、おおらかさであるという。その優しさの証拠を、大槻は、眠ってしまった小僧を起こすのが雨ではなく音であることにみている。雨は、人間にとって困難や苦境の象徴になる。ところが雨が雨だれになると、そこから人間にとって辛いものという意味合いは消える[83]。「べんじょのかみさま」がお札を色分けして三枚にしたことも、小僧の命を救うという目的に適った具体的な行為であると、大槻はみる。

④山また山の山の奥……決して険しい山には思えない。こんもりとした暖かさを感じる山々、吹き渡る風のさわやかさ優しさ、自然そのものも小僧をいとおしみ育んでいるように思われる。

この部分の大槻の解釈には、作品全体への大槻の愛情が示されているのではないだろうか。「自然そのものも小僧をいとおしみ育んでいるように思われる」という言葉で示されているのは、この作品の背景である自然を、大槻が単なる物体的な設定としてみていないということである。

この作品の始まりでは、舞台が山奥であることがせりふを通して示される。そして小僧を誘うのは「おひさま」と花、危機的状況に陥ったとき彼を助けてくれたのは雨、三枚のお札で出す山、川、火といった自然現象である。最後は和尚という人間が小僧を救うことになるが、いわばそれは仕上げの行為であって、和尚のもとに辿り着くまで小僧を生かしてくれたのは「自然そのもの」だった。だから大槻は、和尚が小僧に愛情をもっているのと同様に、「自然そのものも」小僧に愛情をもっている、と考えるのである。

⑤　演出と歌曲との連繋によって、ストーリー性の高い演出が歌曲の挿入によって、イ

メージがより豊かになり、作品自体、光彩を放つ。

ここで「演出」が直後に「ストーリー性の高い演出」と言い換えられていることに着目したい。演出は、音楽表現の指導において教師の重要な仕事の一つである。したがって、ストーリー性を演出にもたせることが本作品を指導する教師の仕事であり、そのことを大概は表明しているのではないだろうか。

(2) 小僧に視点をあてた教材解釈

次に、個別的な部分の解釈を大概がどのように読み取っているかを考察したい。

①作品の冒頭の小僧の言葉から

「おしょうさん、やまへ、はなつみにいってくるでのう」

小僧が和尚に正面きって同意をもとめたのではなく、陰に身をひそめ遠慮深そうに言っている言葉のように思え、小僧の姿を思い浮かべるといとおしささえ感じる。和尚からはなぜか返事がない。けれど小僧は、寺からぬけ出して、弾む足どりで山に向かう。秋の日射しは明るく、澄み渡る。

台本のト書きに、「陰の方から、こぞうの声がする」という記述がある。「遠慮深そうに言っている言葉」に思えるのは、このト書きに対応している。大槻は、小僧が「和尚に正面きって同意をもとめたのではな」い、と小僧のこの行動を解釈している。正面きって許可を求めても、「おしょうさん」に反対されることを小僧はわかっている。それでいて、黙って出て行ったとなれば、そのことで叱られてしまう。後で言い訳がたつように、小僧は、自分は申告したという事実をつくっている。とはいえ、悪いことだともわかっているので、「遠慮深そうに」なる。大槻は、このような子どもの小賢しさ、周到さ、そして後ろめたさや善良さを、このせりふに読み取っている。

興味深いのは、大槻が台本に書いていないことを読み取っていることである。オペレッタの台本によれば、小僧のせりふの後はすぐに歌1が始まる。この部分を大槻は「おしょうからはなぜか返事がない」と解釈している。

このように大槻の教材解釈は、簡易で既知の言葉の背後に、人間の存在の仕方を見い出し、疑問を見い出し、人間と人間との関係を考察している。これらの発見と考察により、「おしょうさん、やまへ、はなつみにいってくるでのう」というこのオペレッタの冒頭のせりふは、単なる劇の始まりを超え、小僧から和尚への呼びかけという単純な意味をも超えて、人間の本質への洞察になっていく。

ガダマー（Gadamer,H-G.）は、「われわれがすでに知っていることがらが、いわば目が開かれたように、いままでそれを規定していた諸条件のもついっさいの偶然性や可変性を脱して浮かび上がって来る」ことを、再認識（Wiedererkennung）という[84]。再認識は、文字通りにとれば「再び―認識する」ことであるが、しかしガダマーによれば、再認識は既知のものをそれとして改めて認識するということを指すのではない。再認識においては、既知のものを「上回るものが認識される」[85]。「上回る」とは既知のものが、それの本質において把握されるということを意味している[86]。したがって、〈既知のもの〉は再認識を通して「初めてそれの真の存在に到達し、それのあるがままのありようを示す」[87]。同じことだが、事柄は再認識を通して「初めてそれの本質が確定されたもの、それのもつさまざまな側面の偶然性から解き放たれたもの」になる[88]。

事柄が偶然性や可変性から解放され、真の存在に到達するという再認識の現象は、次の大槻の教材解釈をみると一層明瞭になるように思われる。

②季節はいつか

・私が秋としたのには理由がある。フィナーレ歌9で「風がひゅるひゅる吹くたびに……」と歌う。ひゅるひゅるという、かすかな物悲しさ心もとなさを呼ぶ風の音は、春風や夏の季節にはあわない。やがて訪れる冬の季節の到来を思わせる。（しかし、ここで必ず反論が出る。花つみは春だ！　と）

・秋にも花はある。香り高い木犀とか、ひいらぎとか枝々にびっしり花をつける。萩など秋の七草も。

・歌1「三枝切っちゃ日が暮れる」　秋の釣瓶落としの日暮れを思う。

季節が問題になるのは、「はなつみにいってくるでのう」の解釈においてである。「はなつみ」や、歌1の「おひさまかんかん　いいてんき」という歌いだしによって、この物語の季節は春である、と一般的には思われてしまう。

しかし大槻は、春ではなく秋であることを、反論を予測しながら、根拠を挙げて論証する。根拠は、秋にも花は咲くという自然的事象と、オペレッタの最後の歌の歌詞の擬音語にある。「ひゅるひゅる吹く」音は、「かすかな物悲しさ心もとなさを呼ぶ風の音」だと大槻はいう。また、歌1の歌詞、「三枝切っちゃ日が暮れる」という部分には、人間がまだ仕事をする時刻にも日がどんどん沈んでいくという、春や夏には感じられない、季節の感じ方を読み取っている。このように根拠を論じながら、大槻は、季節が春や夏である可能性を排除して、秋であることを確定していく。

同様に、「はなつみ」とは、小僧が具体的に何をすることなのかも、以下の解釈によって確定していく。

③ 花つみとは

小僧の花つみは、ア．花つみだろうか、イ．花を積み重ね束ねることだろうか。歌1「一枝切っちゃぶっかつね」である。（「ぶっかつね」、いろいろ解釈があってのことだが、私流を許してもらって子どもにかつぐ表現に変えた）小僧は枝を切った。花つみである。枝々には花がある。花がほしいから枝を切る。

小僧の花つみはイ．である。花のついた枝を束ねて籠に積み込んで寺に戻り、本堂に飾ろうとするにちがいない。

幼い小僧（私は十二歳くらいに思うのですがどうでしょう？）にしては、枝切りの仕事はきつい仕事だったろう。小僧の汗が光る。このような小僧のひたむきさは、どこから来ているのだろう。小僧には願いがあった。修行僧になって仏に仕えようとする思いは忘れてはいない。そのひとつが花つみである。

「はなつみ」という言葉の中に二択の問いが潜んでいることを、大槻は明確にしている。そして、妥当な解釈を「イ」と考える。根拠は歌詞の一部、「ぶっかつね」の内容である。「ぶっかつね」という言葉は一般的ではない。したがって、この言葉がどのような動作を示すのかもまた、教師は解釈しなければならない。歌詞によると、「ぶっかつ」という動作は一枝切るごとにしなければならない動きである。花を摘んだだけでは、小僧の動きに「ぶっかつ」必要が起こらない。「ぶっかつ」ことが必要であるためには、摘む対象は花がついた枝ということになる。だから、大槻は「私流を許してもらって子どもにかつぐ表現に変えた」という。

しかも歌1によれば、小僧は「ぶっかつ」作業を日が暮れるまで繰り返している。大槻は、ここに小僧のひたむきさをみる。小僧にとって、花つみは修行僧になって仏に仕えようとする思いの表現だと考えるのである。

大槻の教材解釈は、以上のように既知の言葉から、小僧の意図や性格や、和尚の姿と意図を読み、季節や動作を読む。そしてその内容を記述することを通して、オペレッタを表現する際のせりふと歌詞から曖昧さを排除し、その内容を偶然性や可変性から解放し、脱出させる（heraustreten）。

④うろうろする小僧

・しかし小僧は時には修行の道から逃げ出したくなるようなこともあったのだろう。歌1「おつとめよりも何よりも花つみ」が好きになる小僧。寺以外の自由な空気も吸いたくなることもあるだろう。こうした心のうろうろもあったろう。

・ひたむきに花枝を切る小僧であったから、秋の日のかげるのも知らず夜になってしまった。歌2で寺に帰る道を探す小僧は、どんなに不安と悲しさにおそわれたことだろう。孤独からぬけ出そうとするあせりの中には、和尚の許しもなく寺をぬけ出してしまったことの自省の思いが胸を突く。

歌1に、「おつとめよりも　なによりも　はなつみすきな　こぞうさん」という歌詞がある。続く歌詞は「きょうもやまへ　いきました」という内容なので、小僧は何よりも花つみが好きで、毎日かあるいはときどき、おつとめを抜け出して山に行くらしいという推測が成り立つ。この部分だけを歌うと、小僧はきちんと務めを果たそうとしない怠け者で、自分が好きなことを優先する問題児のように思われる。

しかし、大槻は花つみとの対照として「修行」という言葉を使い、怠け者という小僧の人物イメージを覆す。おつとめよりも花つみが好きになるのは、この小僧が怠け者だからではなく、辛い仏教の修行から逃げたくなる気持ちの表れだと大槻はみる。必要なことだとわかってはいても、日常の仕事や活動を辛いと感じたら、そのことから逃げたいと思うのは人間の自然な感情である。その自然な感情を想起させるには、「おつとめ」より「修行」という言葉がふさわしい。幼い小僧が修行を生活にしているとイメージすることで、ときには自由になりたくなる小僧の「心のうろうろ」が読み手の私たちにも理解できるようになる。いわば、小僧と私たちが同じ感情の世界を生きるのである。

とはいえ、やはりおつとめを抜け出して花つみをするのは良くないことである。

⑤罠の灯

・とうとう小僧は赤い罠の灯に誘い込まれる。小僧を餌食にしようと、手ぐすねひいて待っている鬼ばさの罠であることにも気づかずに、小僧は眠りに落ちる。雨だれの音に目覚めた小僧は丁丁発止と鬼ばさに対抗する。そうする中で小僧は逃れるための手を考えているのだ。

この解釈がなされている台本は、語り手の「あまだれのおとでめをさましたこぞうはおばばのかおをみると、くちはみみまでさけたおっかなげなおにばさだった」という語りと、小僧の「おばば。おれ、べんじょへいきたい」というせりふである。小僧の行為に着目すると、台本に書かれているのは「おばばのかおをみる」ことと、おばばに「おれ、べんじょへいきたい」と言うことだけである。

小僧は、おばばの顔を見たから便所へ行きたくなったのか、それともおばばの顔を見たか見なかったかは関係なく、生理現象として便所へ行きたくなったのか。どちらの考えも否である。「おばばのかおをみる」ことと、「おれ、べんじょへいきたい」と言うこととの間には、大変な「距離」がある。この「距離」を大槻は見逃さない。

雨だれのおかげで目を覚まし、おばばの顔を見て、小僧は「おっかなげなおにばさ」を発見する。自分に親切にしてくれた人の別人のような姿を見て、しかもそれが明らかに自分に害を及ぼそうとしているとわかったとき、人間はどのような判断をしたり行動をとったりするだろうか。一般的に考えれば、幼い子どもなら、どうしたらいいかわからなくて体が恐怖で動かなくなったり、恐怖のあまり泣き叫んだり、あるいはすぐさま逃げ口を探して慌てて飛び出そうとしたり、といったことではないだろうか。

しかし小僧は、そのような行動はとらない。「鬼ばさに対抗する」のである。そして、「逃れるための手を考えている」。

⑥三枚のおふだ

・小僧の頭にひらめいたのは便所という落とし餌である。鬼ばさも然るもの、「おれの手の中へしれ」と。とうとう縄をつけられたまま便所に入る。「まだまだだ。ピーピーのさかり」下痢を想像して鬼ばさはたじろぐ（このやりとりを見ても小僧の機知と敏感さはみごとである）。

小僧は、逃げるためにおばばの正体に気づいていないふりをし、小便をしたくなったふりをする。とりあえず便所へと移動し、そこで無事に脱出する手を考えようとしているのだ。しかし、鬼ばさは簡単には行かせない。「おれの手の中へしれ」という。この部分を大槻は、「鬼ばさも然るもの」と彼女の頭の良さにも感心する。鬼ばさは、小僧の目論見を先取りするように、小僧の腰に縄をつけて逃がすまいとする。そして、「こぞう　こぞう　いいか」と催促する鬼ばさに、こぞうは「まだ　まだだ。ピーピーのさかり」と答える。

大槻は、「このやりとりを見ても小僧の機知と敏感さはみごとである」という。大槻が小僧に感心していることが表れている。また、大槻は、作品の特徴を論じる記述で、「小僧の機知に富んだすばやい行動力によって、物語は展開していく。／この小僧の小気味よい判断力とか的確性など驚くばかりである」と述べている。作品の特徴を論じる解釈は、この部分の解釈によって裏付けられる。

大槻はこのように、解釈の中で、登場人物が何を考えているのかを思い描き、そして登場人物に感心したり驚いたり感動したりする。悪者である鬼ばさにさえ、感心するのである。

・この様子を便所の神様はどう見ていたのだろう。

ア．小僧の頓智を使い分ける賢さへの感動

イ．窮地に追い込めたら小僧を助けよう

ウ．その方法は？

（こぞうのようすをずっとみていた、べんじょのかみさまは）考えあぐねていた。結果考え出したのが三枚のお札であった。人間世界では持ち得ぬ不思議な力を持った便所の神さまは、三枚のお札にその力を与えて、小僧の守り札に変えてしまった。白、青、赤という色べつにその役目も与えてしまった便所の神さまには、小僧を難から逃がそうとする用意周到さがみられる。

大槻は、小僧と鬼ばさの機転の利いたやり取りへの自分の感動を示した後、俯瞰するように「この様子を便所の神様はどう見ていたのだろう」という問いをたてる。

便所の神様についての台本は以下の通りである。「こぞうのようすをずっとみていたべんじょのかみさまは、『この三まいのおふだをもって、はやくにげていけ。』としろいふだと、あおいふだと、あかいふだをくれたって」。ア、イ、ウの箇条書きにされた解釈は、右の台本で描写された便所の神様の思考過程を辿るかのような内容である。これが「考えあぐねていた」内容である。考えあぐねるとは考えをもてあますということを意味するので、便所の神様は、小僧を助けるにはどうしたらいいか、あれがいいかこれがいいかと、頭を働かせている状態にある。便所の神様が「ずっとみていた」とき、便所の神様は単に状況を眺めていたわけではない。「みていた」とは「考えていた」ということを意味している。

この思考には時間が必要である。大槻は、小僧が脱出方法を懸命に考えていたとき、便所の神様もまた様々に思考を巡らせていたと考える。これが大槻の「ずっとみていた」の解釈である。したがって、色分けされた三枚のお札は、小僧を救出するために便所の神様が時間をかけて考え抜いた手立てでなければならない。このことから「便所の神さまには、小僧を難から逃がそうとする用意周到さがみられる」という解釈が導かれる。

⑦妖怪変化の鬼ばさ

おばばという呼び名から鬼ばさという呼び名に変わったところに、目を付けたい。勢い込んだ鬼ばさの怪力は尽きるどころか勢いづいてゆく。そして三枚のお札の力によって出現した山、川、火事も鬼ばさは全部「こんな——なんだ」と打ち負かしてしまう。悪が世に蔓延ったという感じである。

「おばば」から「鬼ばさ」へ呼び名が変わったのは、優し気なおばあさんが、口が耳まで裂けた「おっかなげな」鬼になったからだと考えるのが一般的であろう。しかし、大槻はあえてこの呼び名の変化に「目を付けたい」という。なぜだろうか。

台本の記述を見ると、鬼ばさはせりふの役柄としては最後まで「おばば」と呼ばれている。ト書きでも「こぞうは、おばばにおいつかれそうになったので」といった表記で、鬼ばさではなく「おばば」と書かれている。「おにばさ」という表記が出てくるのは、「おばば」が「くちはみみまでさけたおっかなげなおにばさ」に変化したときと、歌4の歌詞で「だしてもおにばさ　こえてくる」という部分だけである。つまり、鬼ばさという呼び方が出てくるのはたった二回であり、台本全体をみると、圧倒的に鬼ばさよりも「おばば」が多いのである。回数の少なさを根拠にすれば、「おばば」は「おばば」のままでいいだろうし、「おばば」が鬼のように見えたという程度でも構わないはずである。

しかし、小僧を食べてやろうと変身した後のおばばは、鬼ばさでなければならない。三枚のお札という神の力によって出現した山、川、火事もた易く打ち負かしてしまう圧倒的な力は、おばばではなく、鬼ばさのものでなければならないのである。

興味深いのはこのことを大槻が「悪が世に蔓延ったという感じである」と解釈している点である。おそらく大槻は、鬼ばさを人間には制御できない恐怖の象徴のようにとらえている。個別のお話に登場する、個別の悪者ではない。民話に流れる人間の暗部か人の世に潜む恐怖を鬼ばさにみている可能性がある。

⑧　泰然たる和尚

・裸一貫になった小僧は、命からがら、和尚のもとに逃げこみ助けを求める。すべてを見通していた和尚は、逃げ帰る小僧を焦らしながら対応する。泣きべその小僧と、居丈高の鬼ばさと、含み笑いさえ覗かせる和尚と、三人三様で面白い。

・大入道を要求しても豆を要求しても自分を過信している鬼ばさには和尚の意図するものは見抜けない。「たやすい、たやすい」と知恵のある和尚の罠にはまってしまう。語りにおばばは（鬼ばさとは言っていない）、くるんとひっくりかえって……（ここまでくると鬼ばさも単純さが見えてかわいくなる）身をおどらせて豆になってしまう。

和尚が「逃げ帰る小僧を焦らしながら対応する」という解釈は、「おしょうさま　はやとをあけてくんなせ」と外で訴える小僧に、「おうい。いま　おきて」「おうい。いま　ふんどししめて」といったふうに、小僧の危機に際しても和尚がのんびり支度をする部分に対応している。台本には和尚の認識を示す言葉はないので、ここだけを読むならば、和尚は小僧の危機的状況を理解していないからのんびりしていると解することも可能である。しかし大槻はそうは考えない。それどころか、和尚は「すべてを見通していた」と大槻は考えている。この解釈の根拠はどこにあるのだろうか。

大槻のこの部分の解釈の根拠の一つは、劇の冒頭の部分にある。

「おしょうさん。やまへ　はなつみにいってくるでのう」とだけ言って、小僧は前日の昼に寺を出ている。この部分について、大槻は「和尚からはなぜか返事がない」という指摘をしている。加えて、歌1をみると「きょうも　やまへいきました」と歌うことから、小僧がこのように山へ花つみに行ってしまうのは「今回」が初めてではないことは明らかである。この状況から、大槻は、和尚の認識と思考内容を推理するのである。

劇の冒頭、和尚に小僧の声は聞こえたかもしれないが、和尚はわざと引き留めもせず、返事もしなかった。おそらく和尚は、山奥には鬼ばさが住んでいることを知っている。何度言っても、うまく言い逃れをして寺を抜け出す小僧が、いつか山の中で恐ろしい目に遭うだろうと思っていた。そして、おつとめを幾度となく抜け出す小僧には「お灸をすえる」必要があると考えていた。そのときが、いよいよきたのだ。小僧が夜になっても帰ってこないことがわかったときから、翌朝に何が起こるかを、和尚は予想していたのだろう。だから和尚は、小僧が帰ってきたことがわかってもすぐには寺の中に入れてやらず、それでいて間に合うタイミングで経箱に匿ってやり、突然現れた鬼ばさを見ても、動じなかった。そして最後は、自ら鬼ばさを退治してしまうのである。

「含み笑いさえ覗かせる和尚」という大槻の記述は、和尚と鬼ばさとのやりとりから想像されていると思われるが、和尚の表情など台本には書かれていない。この記述も、「すべてを見通していた」という解釈と同じ理解に根拠があると考えられる。「泰然たる和尚」という言葉には、このような和尚という人間に対する一連の大槻の解釈が端的に表現されている。

「語りにおばばは（鬼ばさとは言っていない）、くるんとひっくりかえって」という解釈は、台本の「おばばはくるんとひっくりかえって、ちいさな　ひとつぶのまめになった」という部分について述べている。ここでもまた大槻は、「鬼ばさとは言っていない」ことに注目するのである。

この部分は、鬼ばさが術を使った挙句に逆に和尚に食べられてしまう場面である。大槻は、和尚の挑発にのって変身する鬼ばさを、「ここまでくると鬼ばさも単純さが見えてかわいくなる」という。大槻は、この物語の悪者である鬼ばさにさえ、かわいらしさをみる。だから、「くるんとひっくりかえ」るのは、ここでは「おにばさ」ではなく「おばば」なのだと考える。

・和尚は、小僧が自ら選んだ花つみの旅を、修行行脚の旅に変えて、ますます成長していってほしいと願った事だろう。
・利発な小僧はきっと和尚の願いを、心に刻みつけながら、和尚をふくめてその立派な僧侶への憧れの灯をたやさずに励み続けてゆくことだろう。

この部分は、物語が閉じた後の和尚と小僧のそれぞれの思いを代弁している。教師としての大槻自身の思いも、この解釈には表れているように思われる。導師としての和尚がもつ気高さと賢さ、若僧への願い、このような師の知恵と存在の大きさを目の当たりにした小僧が、この出来事の後どのように成長していくか、大槻はここまで読んでさらに、書かれていないことを取り出しているのである。このオペレッタを人間の物語として読んでいるからこそ、かつ子どもに向き合う教師として読んでいるからこそ、このような解釈が自然に出てくるのではないだろうか。

・一見大さわぎ連続の物語のように思われがちだが、読み深めることによって、そこには人間模様が存在し、戸惑いを知り、涙のあたたかさ冷たさを身に感じながら、前向きに自分の信じる道に向かって前進してゆく小僧の姿を、子どもたちが感じとって表現してくれたら嬉しいと思いながら、私の幼い解釈を終わりにします。ご判読下されば助かりますし、又怪しいところはお教え下さい。

この最後の部分は、大槻が自分の解釈を自ら意味づけて、これからこのオペレッタを表現する子どもたちへの願いが記述されている。「一見」、この作品がどのように読まれるかを承知した上で、読み深め、解釈すれば、この物語には「人間模様」があるという。「戸惑い」と「涙のあたたかさ冷たさ」を知り、「前向きに自分の信じる道に向かって前進」する小僧に、これからオペレッタを表現する子どもたちを重ねている。

4. 教材の本質を深く理解するとは

大槻の教材解釈を私たちが読み、その内容を私たちが辿ることができるのは、大槻が「三まいのおふだ」の台本と歌詞について読み取ったことを教材解釈として文章化しているからである。このような文章化は、大槻が自分の内面的な読み取りをそこに da、出す・提出する stellen、即ち、表現すること Darstellung で実現している[89]。大槻の教材解釈は、オペレッタに登場する人間の存在の仕方や背景の意味といった事柄の本質を明らかにし、様々な人間や事柄の関係を「そこに—置く」ように示しているのである。

ここで、大槻志津江の教材解釈を解釈するための導きとして、ガダマーの表現に関する思索を取り上げたい。

ガダマーは芸術作品の存在論を思索する過程で、遊びの構造を解明している。遊びは、基本的に当てどない運動であり、目的連関をもたない自己表現であり、人間の普遍的な様相の一つである[90]。演劇は、遊びと同じ構造をもちつつ、観客の存在があることで芸術へと高まった形態として論じられる。そして、演技という表現において模倣という営みの意義を高く評価している。

ここでいうミメーシス、模倣は、自然を描写するとか複写するという意味ではない。関村（1997）によれば、ミメーシスの語源を辿るとそれはミーモスという語になり、その内容はディオニソス祭祀劇の俳優あるいは仮面という意味である。したがって、ミーモスの動詞であるミーメイスタイは音楽・舞踏表現に深く結びついた表現や表出であるという[91]。ガダマーが模倣について、「いっさいの芸術の底にミメーシス、つまり模倣の概念を見ようとする古典古代の芸術理論もまたやはり演技から出発していることは明らかである」[92]と述べるのは、右のようなミメーシスの語源を念頭においてのことである。つまりミメーシスは、自然物の複写ではなく「神的なるものの表現としての舞踏」が元来の内容なのである。

模倣が「神的なるものの表現」になるのはなぜか。模倣（Nachahmung）は、あらかじめ在る何かを後から(nach) 測る（ahmen）かのようになぞる営みである。文字通りに解すれば、その営みの結果として表現されるものは測られたもの、なぞられたものということになるが、ガダマーは、ミメーシスにおいて「存在しているのは表現されていることがらであり、これこそがミメーシスの根源的関係なのである」という[93]。つまり、ミメーシスが起こると、そこで表現されるものは自然物や原型のなぞりや複写などではなく、表現される「ことがら」そのものだというのである。

模倣する人間の側からいえば、「なにかを模倣する者は、自分が知っていることを、知っている形のままに表わす」[94]。しかし、知っていることを知っている形のままに表わすことは、知っていることを繰り返すことでは成立しない。なぜなら、予め認識していたことを再び認識し直さなければ、形に表すことはできないからである。例えば演劇の台本としての文学を「私」が演じようと試みると、「私」はその文学が何をいおうとしているのかについて、意味や事柄を理解しなければならない。理解の手がかりになるのは、「私が」予め知っていたことや、予め経験していたことである。理解した後、「私」はその内容を自分の表現へと形成しようとするだろう。このように文学を解しようとするとき手がかりになるのは、「私」が予め認識していたことである。

「私」は「私の手持ちの認識」を使って、それと文学をいわば突き合わせて作品の理解へ到達しようとする。そして作品の理解を表現に形成しようとするとき、「私」は予めもっていた認識を、どう表そうかと考えることになる。換言すれば、理解した内容を表現へともたらそうとする段階では「私」の認識そのものが表現の対象になっている。ガダマーがいう「自分が知っていることを、知っている形のままに表わす」とは、このような意味であり、これが模倣するということ、模倣として表現するということである。

すると、芸術作品において「ひとが本当に経験し、また目を向けるもの」は、「ひとがその作品のうちにあることがらを、そして自分自身をどの程度にまで認識し、かつ再認識するか」ということになる[95]。ガダマーは、再認識はミメーシス、即ち模倣をするときにおこる認識であり、現象であるという[96]。表現されることによって、演技者が表現することがらはそこに（Da）出され（stellen）、人がことがらを認識できるようになる。しかし演技者の演技は単なる事物のなぞりではなく、それどころか「表現されたことがら」は、再認識を通して「もっと本来的に存在する」ようになる[97]。先の記録中でも述べたように、再認識においては、事柄の偶然性や可変性は除かれるからである。

例えば、おつとめを抜け出す小僧は、大槻の教材解釈を経ると利発な小僧になり、修行中の賢い男の子という抽象度の高い存在として認識される。和尚にいたっては、登場場面は最後の方にわずかしかないのにもかかわらず、大槻の教材解釈を経ると、すべてを見通す賢人になり、そして未熟な修行僧の導師として、その存在感を顕わにする。

このように、彼らの存在が、個別的な一人の登場人物であることを超えて、人間の本質を示す抽象度の高い存在になると、作品の中に私たちは自分自身をみることが可能になる。つまり、演じる子どもたちにとっても、子どもたちの表現を観る者にとっても、「三まいのおふだ」という作品は、各々が自分を生きる場になりうるのである。なぜこのようなことが可能になるかといえば、大槻の解釈が本質の認識になっているからである。

ガダマーによれば、「模倣と表現は現実を写すだけの繰り返しにすぎないものではなく、本質の認識」である[98]。大槻の教材解釈が「三まいのおふだ」という作品から本質の認識を導いているとしたら、大槻の教材解釈はガダマーのいう意味で模倣をしているといえる。模倣とは、外形をまねることではなく、既知の言葉や事柄から偶然性や可変性を取り除き、本質の認識へと至る営みである。そしてガダマーによれば、模倣と表現は認識の根源は同じであるので、模倣としての教材解釈は、それ自体で教師の表現だと考えることができる。

大槻自身、右で述べてきたことを自覚的におこなっていると思われる。というのは、教材解釈の記述の中で「一見大さわぎ連続の物語のように思われがちだが、読み深めることによって、そこには人間模様が存在し、戸惑いを知り、涙のあたたかさ冷たさ」があるということを大槻は書いているのである。「一見大さわぎ連続の物語」の中に、「人間模様が存在」し、人間の「戸惑い」や「涙のあたたかさ冷たさ」があるということを大槻はオペレッタ「三まいのおふだ」に見通しており、その見通しを読み深め、記述するという営みによって表現する。読み深めは、既知のものを超えて本質の認識に至る。大槻が読み深めたことを表記する営みこそ、ガダマーのいう模倣と読み替えることは可能ではないだろうか。

第四章　大槻志津江の教育実践③
――オペレッタの授業

　ここまで大槻の教育理論と教材解釈について考察してきた。それらは大槻が教室に入る前の、子どもたちに向き合う前の段階での教師の内実である。では、実際に音楽表現を指導するとき、大槻の内実は子どもたちにどのように働くのだろうか。

　本章では、大槻の教育実践を記録に基づき考察したい。取り上げる記録は、美濃保育園（岐阜県美濃市）でのオペレッタ指導の実践である[100]。この記録は、その年の公開保育研究会を二日後に控えた二〇一一年二月二四日に、研究会の会場である美濃市中央公民館でなされた実践を筆者がビデオ撮影し、その映像を文章化して作成した。

　実践は、四歳児たちのオペレッタ表現である。教材は、オペレッタ「はだかの王様」（梶山正人作曲）で、大西智恵美先生（以下、智恵美先生と表記する）が担任するクラスの表現に、大槻が指導を加えている（以下、記録中では大槻先生と表記する）[100]。記録中の子どもの名前は、すべて仮名である。

1. 授業記録の分析——大槻志津江の音楽表現指導

以下、授業記録を五一の場面に分け、各々の場面について論述を加えていきたい。記録中の傍線は、特に考察の対象として取り上げたい部分を示している。

【記録1】

ホールに入ったとき、「はだかの王さま」の手入れはすでに始まっていた。

六人の子どもが右手奥から前進してくる。一人の女の子が「きれいなお花は」と言うと、全員で「いかがですか」と呼びかけ、両腕を高く差し上げる。大槻先生は立ち上がり手を叩いて、「ちょっと待って」と止めた。「こういうの〈正面で両腕を同じ高さで左右対称に掲げた形〉じゃだめだよ、もう少しこうならないと〈身体を斜めにし、上げた腕に上下をつくる〉。これじゃ箱のような格好になってる。こっちとこっちで〈花を〉奪い合ってる」。「いかがですか」で差し上げた子どもたちの腕の形について、大槻先生は腕の形の意味のおかしさを指摘した。

大槻は、子どもたちの高く上げられた両腕が「きれいなお花」を「いかがですか」と売っている身体になっていないことを指摘している。売っている相手が、その腕の形の先に見えないのである。そのおかしさを、子どもたちにもわかるように「こっちとこっちで奪い合ってる」という言葉で伝える。売っているはずが花屋同士で花を奪い合うことになったらおかしい、と子どもたちも気づくのである。

【記録2】

次に大槻先生は、先生から見て左前方にいる十三人の子どもたちに向かって歩き出した。「はい、みんな立ってごらん、大槻先生のおへその方へ」、大槻先生は両手を広げながら子どもたちに向かって前進し、子どもたちを奥へ移動させた。子どもたちが大槻先生の身体を中心に集まると、広がるように、腕を左右に振りながら指示をする。一人の女の子が大槻先生を下から見上げて、何か言っているようだった。大槻先生は笑顔で、その子にも何か語りかけている。先生は子どもたちにそれぞれの立つ位置を指示した。智恵美先生がそこへやってきて、大槻先生に構成の説明をする。「ここでこういう〔ギャロップ〕の表現をするので……」、「この場所だと……」、大槻先生は、「そう」「そう」と頷いている。

先生たちが各集団の位置を確かめると、智恵美先生は「じゃ、もう一回やります」と子どもたちに言う。子どもたちは入場の扉へ移動する。この間に、大槻先生は智恵美先生に「〔子どもたちの立つ位置に〕向かい合いを作らないように、心がけて」と指示する。晃成先生（注：雲山晃成先生、以下も晃成先生と表記）もまた何かアドバイスをいうと、智恵美先生は「どうしたらいいんだ」と少し考え、そして扉に移動した子どもたちに、「向こうへ行く人は、ここらへんに〔自分で動いて場所を示す〕来てください」と指示をした。

大槻は、オペレッタ指導において、子どもたちが舞台のどこにいるか、どこで表現するかということを常に細かく見ている。そして、舞台のどこで表現すればいいか場所を指示するとき、なぜその場所でなければいけないのか、確信をもっているようにみえる。智恵美先生に、子どもたちの立つ位置に「向かい合いを作らないように、心がけて」と指示するのも、向かい合いをつくると子どもたちの表現が平板に見え、固着してしまうことを経験的に知っているゆえと思われる。

【記録3】

再び、入場から開始する。恵理子先生（注：鈴木恵理子先生、以下も恵理子先生と表記）が弾く滑らかな音楽に合わせて、狭い扉口から子どもたちはどんどん広い空間にスキップで弾けてくる。大槻先生は座って子どもたちを見ながら、笑顔で「きれいだねえ」、「跳ねてる」と、子どもたちに呼びかける。動いている子どもの中からある一人の女の子を指差し、「いいねえ」、「とても素敵だ」と、その女の子にも声をかける。

大槻は、表現する子どもたちをよく褒める。とりわけ、美しいと思う子どもを見つけると、その子どもを個別に、そしてその子ども自身にもにわかるように大きな声で明確に褒める。

【記録4】

スキップが終わったとき、子どもたちは舞台奥に二つのグループをつくっていた。それぞれから一人ずつ子どもが、右と左に位置をとるように広い空間に飛び出してきた。左の男の子が言う。「ずっとずっと昔のこと、ひとりの王様がいました」。そして右の女の子が、「王様は美しい新しいきものが大好きでした」と、両手で大きく円を描きながらいうと、全員が「大好きでした」と言いながら立ち上がり、そして音楽に載せて上半身を滑らかに揺らしながら、子どもたちは自由に動き出した。

そのまま五つのグループが出来上がったと思うと、「きれいなお花はいかがですか」と一つのグループが舞台前方に出てきて、両手を大きく高く差し上げる。続けて、「新鮮なお魚はどうですか」、「きれいな服はいかがですか」、「きれいな靴はいかがですか」、「焼きたてのパンはいかがですか」、子どもたちの表現が次々と展開する。それぞれの集団は、自分の「店の売り込み」が終わると、後方でホップをしたり、リープターンをしたり、表現を続けている。

ピアノの音楽が変わる。子どもたちは集団を崩すようにスキップで空間をかき混ぜ、まもなく「自分の場所」をつくった。そして最初の歌に入る。「それは　それは　めずらしい布　不思議な　不思議な　布　布」。「布」と歌いながら、子どもたちは一斉に「布」を高く差し上げ、「布」を持ったまま、間奏で滑らかに身体を揺らしながら動く。左右に二つのグループができる。左グループが、腕をひらひらさせて「羽根のように軽い布」と歌えば、右が頭の上にループを描きながら「にじのように光る布」と歌う。

大槻先生は、子どもたちが歌っている間にも、子どもを指差して「〔あの子が〕きれいだね」と声をかけている。左グループが「おろか者には見えない布」と歌う。右グループが「おくびょう者には見えない布」と歌う。全員で「そんな不思議な布を織る」と前進しながら歌っていると、中から二人の子どもが飛び出し、続きを歌う。「私たちは　世界一の　はた織りだ」。

ここまで歌い切ると、子どもたちは間奏に合わせて滑らかに上体を揺らしながら動き出し、少し後方へ移動し、座る。歌が続く。「聞いたかい　知ってるかい」と自分の近くの子どもと顔を見合わせ、「本当だね　あの話」で前に向き直る。そしてホップしながら、「見てみたい　見てみたい　はやく　見てみたい」と歌いながら空間を大きく自由に動く。この歌を歌いながら、子どもたちは右に大きな集団、左奥に六人が控えるというフォーメーションをつくる。大槻先生はいつの間にか立ち上がって、子どもたちをじっと見詰めている。

子どもたちの表現が展開する間、大槻は子どもたちから目を離さない。そして【記録3】と同様、動きが美しいと思う子どもを見つけると、必ず子ども本人と周囲に分かるように「きれいだね」といった言葉をかける。

【記録5】

歌が終わり、せりふの女の子が出てきた。「やがて」と言い出した瞬間、大槻先生は「もっと前」と立ち位置を直すように言った。智恵美先生も「もっと前、もっと前」と指示している。子どもが最初に止まった場所からぐっと二メートルくらい大槻先生の方へ近づいた所に来たとき、大槻先生は「そこよ」。女の子がその場所でぐっと身体を大きくするように息を吸い、「やがて、その不思議な布のうわさは、王様の耳にも届きました」と言うと、大槻先生は、「じょうず」と感嘆するようにその子に言った。

大槻は、せりふや独唱を歌う子どもの位置を直すように指示することが多い。そしてそのように指示する位置のほとんどは、他の子どもたちからかなり離れる場所である。この場面の女の子も、「二メートルくらい」前に移動させられている。つまり、初めに立った位置からさらに「二メートルくらい」、女の子を後ろの子どもたちから離している。

子どもにとっては、友だちからどんどん離されて不安を感じるかもしれない。しかし、この女の子は「その場所でぐっと身体を大きくするように息を吸い」、大きな声でせりふを言い切った。大槻は、このような子どもの勇気や意思をはっきり褒める。

【記録6】

ピアノが厳粛なリズムの曲を鳴らし始める。王様が「おなり」になる場面である。左奥から、「王様」が「お付きの家来」五人を引き連れて恭しく行進する。しかし歩き始めてまもなく、「王様」と後ろの「お付き」五人が離れてしまう。王様役の子どもの歩みが「軽い」ために、歩みが速くなってしまうのだ。大槻先生は止めて、「あのね、後ろの方〔の子どもの表現は〕いいんだけど、王様は王様らしく〔自分の両腕を胸の高さでぐっと示しながら〕、もう一度」、と指示する。すぐさま智恵美先生に向き直り、「ちゃんと腕を堂々と張るように〔させないと〕」と指示する。

再び、「王様の行進」である。王様役の子どもは、胸を張り、王様を表現しようとしているが、しかしどこか弱く心許ない感じに見えてしまう。大槻先生は智恵美先生と何やら相談している。智恵美先生はその子に「ひじを曲げてごらん」と指示した。「王様」の男の子は、両腕をぐっと引き上げ、ひじを外に向けて張ってみせた。大槻先生は「そう、そう」とその「王様」に言う。「王様」の腕が変わったことで、行進がぐんと「重く」なった。

ここでは「王様」の表現が問題になった。

この場面での問題は、ピアノの演奏に合わせているはずなのに、曲が進むにつれて「王様」と後ろの「お付き」五人がどんどん離れてしまうことである。「王様」の歩みが軽くて重心が定まらないために、後ろの子どもたちより僅かに速く動いてしまうのである。しかし、大槻は「王様」の子どもに「もっとゆっくり歩きなさい」とか「曲をよく聴きなさい」といった指示はしない。問題は、そうではなく「王様」が「王様」らしくないことなのである。「王様」に「王様」の表現をさせるために、大槻は腕を張るように指示する。腕を張ると胸が開く。このことで「王様」の歩き方が変わり、後列の「お付き」たちと離れてしまうという問題は解決した。

【記録7】

「王様」は大きな声で高らかに尋ねる。「そのほうたちか、めずらしい布を織るというはた織りは」。右にいる集団から男の子が飛び出し、中央奥に位置をとる。右ひざを落とし、右ひじをぐっと身体の方へ寄せ、「謁見」のポーズをとった。大槻先生はすかさず、「いいね、いいとこ行った」と褒める。「はた織り」の男の子が、「ははあ、その通りでございます」と言うと、全員で「その通りでございます」と繰り返す。

左手前にいる家来の男の子が立ち上がる。「ところで、あのうわさは本当か」と尋ねると、「はた織り」の女の子が、中央へ向かって出て来た。大槻先生はその子に、「ずっと前へ。出て、出て、もっと前へ」、途中で止まろうとする女の子に、どんどん前へ移動するように要求した。位置が決まり、女の子が「あのうわさと申しますと」と言うと、大槻先生は「もう少し大きな声で言ってごらん、もう一回」と、止めた。智恵美先生も、「はい、るなちゃん、もう一回」と促す。

女の子は集団に戻り、もう一度飛び出してくる。大槻先生は、「大きな声でないと、聞こえないよ」、「うーんと出て来て、そう！」。大槻先生の声に導かれるように女の子は位置を決め、せりふを言おうとした。が、気負いのあまり言葉を間違えて、すぐに言葉を飲み込んで照れてしまう。大槻先生は、「息を吸えば、言えるよ、息吸ってごらん」と、促す。女の子がもう一度言おうとしたとき、大槻先生は「吸って！『あのうわさは』、さん、はい」と腕を大きく広げ、下から上へすくい上げる仕草を見せる。「あのうわさと申しますと」、女の子の声にようやく芯が通ったような張りが出た。続けて、家来の女の子が立ち上がる。「ばか者には見えないという、あのうわさのことだ」、その声は若干弱かった。大槻先生が小声で、「聞こえないよ」と智恵美先生に話しているのがわかった。

続いて、集団の中央にいる女の子が立ち、「はい。それはもう、その通りでございます」と言う。大槻先生は思わずというタイミングでその女の子を指差し、「一番、じょうず！　いっぱい息が入っているからだよ」と、褒める。「もう一回、言ってごらん、もっと前へ出てきて」。女の子は中央へ向かって四、五歩進んでから、「はい。それはもう、その通りでございます」。女の子がせりふを言い始めるやいなや、大槻先生は「ほら」と他の子どもたちに呼びかける。「いい？〈この女の子は〉お口も開いてるだろ？」。そのまま「王様と家来たち」の方に向いて、「はい、次はこっち〈の番だ〉」と促す。左手前にいる「家来」の女の子が言う、「おお、それはおもしろい」。大槻先生は「そう、そう」と頷く。次の子どもが言う。「それさえあれば、だれがばか者か、すぐに分かるというわけだな」。大槻先生は大きな声で、「うまくなった！」と褒める。「家来たち」は続ける。「よし、いりようなものは、何でも申し出るがよい」、「さっそく、仕事にかかれ！」。全員で「かかれ！」と声を合わせると、向かいにいる「はた織り」たちが答える。「ははあ！」。

この場面では、子どもの声が弱かったり小さかったりするとき、大槻がどのような指導をするかが表れている。初めの女の子には、まずせりふを言う位置を「ずっと前へ。出て、出て、もっと前へ」と要求している。長い距離の移動を怖れる子どもは、内面に怖れをもっているのかもしれない。それを大槻は見取っているようでもある。

大槻は、同じ子どもに「大きな声で言ってごらん」と要求する。もう一度、移動からやり直すときは、大槻は女の子の動きに合わせて、「うーんと出てきて、そう！」と促す。この大槻の促しに気負った女の子は、言葉を間違えて、照れてしまう。しかし大槻はそのことには触れず、「息を吸えば、言えるよ、息吸ってごらん」と、促し、「吸って！『あのうわさは』、さん、はい」と自分も大きく息を吸い、腕を大きく広げ、子どもにも深い呼吸を要求する。三度目の発声で女の子の声に張りが出たのは、大槻の身体と女の子の身体が呼応した結果である。

続けて、声の大きさが問題になる場面が続く。

「ばか者には見えないという、あのうわさのことだ」というせりふを言う女の子の声は弱かった。対照的に、「はい。それはもう、その通りでございます」というせりふを言う女の子の声は大きかった。大槻は、弱かった女の子には直接それを指摘しない。しかし、後者の女の子には、「一番、じょうず！」と勢いをもって大いに褒める。そして、その「じょうず」の理由を「いっぱい息が入っているからだよ」と、明確に他の子どもたちに伝える。

大槻はこのように、子どもたちの中に「上手」な表現を見つけると、それを取り上げる。ここでは、「もう一回、言ってごらん、もっと前へ出てきて」と上手な女の子を呼び出して、子どもたちの中から際立たせる。しかし、単に繰り返させるだけではない。女の子がせりふを言い始めると、大槻は「ほら」と他の子どもたちに呼びかける。「いい？　お口も開いてるだろ？」と、この女の子の表現の良さを具体的に指摘し、それを子どもたちに認めさせ、女の子の良さを自分にも取り入れるよう促す。その意図が、「はい、次はこっち〔の番だ〕」という言葉がけに表れている。一人の子どもの良さを、多数の子どもの良さへと拡大させようとするのである。

この場面の後に続く子どもたちのせりふは、堂々とした声でつながっていった。大槻は、「そう、そう」と頷いたり、「うまくなった！」と大きな声で褒める。深い呼吸のリズムが、大槻と子どもたちの中で共有された。

【記録8】

ピアノの軽快な調子にのって、子どもたちは自由に動き出した。後ろ蹴りをしながら両腕を上下に振るかわいらしい動きで、はた織りの仕事を表現する。そして、そのまま次のフォーメーションをつくる。左手前に女の子たち、右手奥に男の子たちが集まる。次の瞬間、ピアノの音が消えた。「がっちゃん」「がっちゃん」。子どもたちは自分たちの声だけで、身体を閉じては開くという動きで、はた織りの仕事の表現を交換する。またピアノが鳴る。後ろ蹴りと腕の「パタパタ」で、今度は女の子たちは奥の方へ、男の子たちは前方へ移動する。また、ピアノの音が消える。「がっちゃん」「がっちゃん」。再びピアノが鳴ると、男の子たちも左奥に集まった。ひとかたまりになったかと思うと、全員が一拍でぱっと全員上へ伸び、次の拍で、ぱっと立てひざの姿勢を決め、座った。

このフォーメーションが決まったとき、すでに、二人の女の子が集団から離れたところに位置をとっていた。右にいる女の子が、よく通る声で「王様は、布がどれくらいできたか、しりたくてたまりません」と言うや、大槻先生は「もう一度言ってごらん、今の人」、「もっと前へ、出てきてね」と指示する。女の子が二歩前へ出てくると、大槻先生は「そう、いいよ」と頷く。再び女の子は、思い切り息を吸い、「王様は、布がどれくらいできたか、しりたくてたまりません」と大きな声で言った。

ここでも、大槻は女の子の位置を「もっと前へ」と指示している。子どもが言われた通りに前へ出てくれば、大槻は必ず、「そう」「いいよ」といった言葉で子どもの動きに応えている。この女の子は、二回目にせりふをいうときは、言われなくても思い切り息を吸っている。

【記録9】

左の女の子が続ける。「けれども、おろか者やおくびょう者には見えないという話を思い出すと、少しへんな気持ちに……」、ことばに自信がなかったのか、女の子は最後の部分で弱気に言いよどむような声になってしまった。智恵美先生は、「大きな声でね、そこ大事なところね」とその女の子に声をかける。女の子が、「少しへんな気持ちになりました」と言い直したとき、大槻先生が止めた。

「あのね、お話しするときね、たくさん息を吸って」、こういいながら大槻先生は、広げた両腕をゆっくり上へ、顔も上へ向けながら、『王様は』って、大きな声で言ってごらん」、上げた手でそのまま大きな丸を描きながら、子どもに呼びかける。「お口をいっぱい開けて、はい、あなたから」。先のせりふの、右に座っている女の子を見た。女の子が立つ。「はい、どうぞ」、女の子がせりふを言おうとするその瞬間、大槻先生は「いっぱい吸って！」と声をかける。「王様は、布がどれくらいできたか、しりたくてたまりません」。「けれども、」次の女の子が言い始めてすぐ、大槻先生は「大きく！」と呼びかける。このとき大槻先生の右手は、真っ直ぐ上に伸ばされ、指が天井を指している。「おろか者やおくびょう者には見えないという話を思い出して」、ここまで言い、息継ぎをしようとしたその瞬間、大槻先生は「じょうず！」と大きな声でその子に言った。「少しへんな気持ちになりました」、言い終わったとき、大槻先生は大きく頷いていた。

左側には、いつの間にか男の子が準備していた。腕組みをしながら、二歩、三歩ゆっくり歩み出て、「そうじゃ！　はた織りのところへは、あの正直者の大臣に行かせよう」と言う。ずっと立っていた大槻先生は、ここでゆっくりと椅子に腰かけ、大きく「うん」と頷く。男の子は、右へ「だいじーん」、左へ「だいじーん」と大きく動きながら、両腕を高くして「大臣」を呼ぶ。大槻先生はすかさず、「じょうず！」と褒める。智恵美先生は両腕を上へ向かって大きく広げながら、ずっと子どもを見ている。

座っていた子どもたちが、男の子の呼びかけを引き受けるように、みんなで「大臣」を呼ぶ。一斉に立ち上がり、両腕を右へ左へと差し上げながら、「だいじーん、だいじーん」と大きな声で「大臣」を呼ぶと、三人の子どもが右手前に飛び出してきた。そして一緒にせりふを言う。「この私に、布が見えるだろうか、神様どうかおたすけを」、天に向かって祈りのポーズ。

大槻は、ここでも子どもに息を吸うように要求する。言葉と共に、両腕を上げている。つまり、胸を開くことを同時に要求している。そして、子どもがせりふを発声しようとした瞬間、奮い立たせるように、「大きく」と呼びかけた。そのとき指が上を指している。声に方向を与えたのである。

大槻が訴えている「相手」は子どもの身体である。だから大槻の身体も動いている。大槻の腕の動きや指先の向きに子どもの身体が対応して、子どもの声は大きくなった。そして子どもの声が大きく変化すると、大槻はすぐにその子を褒める。自分が良い変化を起こしたことを、明確に子ども本人に伝えるのである。

【記録10】

物憂げな曲がピアノから流れてくる。左後方にいる子どもたちが立てひざの姿勢で、両腕を前に出しては引っ込め、出しては引っ込めるという動きを始めた。智恵美先生が「さあ、誰が上手にはたを織っているかな」と呼びかける。曲が止むと、右手前にいる三人の「大臣たち」が、「はた織り」の方へ二歩、三歩近づき、少し彼らを覗き込み、そして飛びのけた。三人で一斉に言う。「おやあ、おやあ、何も見えないぞ」。それから、「やっぱり……」と歌いだす。智恵美先生は、三人の立つ位置を細かく指示している。「……私は大臣にふさわしくないというのか」、途中からこの歌を全員で歌う。歌が終わると、子どもたちは再び物憂げなピアノに合わせて、「はたを織り」

始める。大槻先生は、「しっかり織ってください！」と子どもたちに呼びかける。智恵美先生も、「上手だねえ！」と声をかける。

ここは、王様を騙すための見えない布をはた織り職人たちが織る場面である。作品の中では、はた織り機は動いているのに織られているはずの布が見えないという設定になっている。しかし、ここで表現している子どもたちにはた織りの道具はない。立てひざの姿勢で、両腕を前に出しては引っ込め、出しては引っ込めるという動きは、繰り返すうちに形式になり、意味が失われていく。

この部分での先生たちの言葉がけ、「誰が上手にはたを織っているかな」と「しっかり織ってください！」という言葉は、動きから意味が失われないように、見えないはた織り機を「見る」ように子どもたちに指示しているのである。

【記録11】

「はた織り」が終わり、中央奥のほうにいた女の子が、「大臣たち」に呼びかけた。「いかがでございましょう！」。「はた織りたち」は全員で、布を「大臣たち」に差し上げて見せながら呼びかける。「いかがでございましょう」。中央手前にいた女の子が、動き出す。智恵美先生は、「〈前へ〉出ておいでよ」と指示する。「何とも」、その女の子が言い始めたとき、「ちょっと」と大槻先生は止めた。智恵美先生も、「みーちゃん」と呼びかける。「もっと前、もっとこっちきて」大槻先生も指で場所を示しながら、その子に呼びかけ続ける。女の子は、少しずつ指示された方へ動いたが、大槻先生はさらに「もっと」、「離れて」と思い切って動くように要求した。

せりふを言うためにステージの前方に出てくるとき、多くの子どもたちは立つ位置を修正させられる。この場面のみーちゃんも例外ではない。「もっと前」と言われてみーちゃんは移動するが、大槻は、「もっと離れて」と強く要求する。「離れて」とは、後方にいる子どもたちの集団から大きく距離をとるように、という意味である。

この場面のように、大槻が一人の子どもに指示する立ち位置は、集団の子どもから遠くに離れた場所であることがほとんどである。

【記録12】

位置が決まった。「何とも、お言葉がございませんが」と女の子が「大臣」に言うと、「大臣」の女の子が答える。「ほーう、みごと、みごと」、両腕を右に大きく動かしながら、「この柄といい」、次に左へ大きく「この色合いといい」、正面を向いて「まことに素晴らしい」。

このせりふの間、「はた織り」だった子どもたちは、手を頭の上でキラキラさせるように動かしている。「みごとな布」になっているのだ。次の大臣が、「私はこの布が気に入った」と言うと、また次の大臣が「よく、王様に申し上げよう」、と言う。このとき、大槻先生は智恵美先生に何か指示をしていた。

智恵美先生が立ち上がる。「はい、ゆうあちゃん、『おお、みごと、みごと』は〈はた織りの子どもたちが座っている方を指して〉こっちで」、大槻先生も立って、その方向を指差しながら、「こっちへ」。智恵美先生は、「『おお、みごと、みごと』はこっち〈はた織りたちを指して〉、『この柄』はこっち〈正面を指して〉、はい見せてよ、『いかがでございましょう』〈からもう一度〉」。女の子が立ち上がった。大槻先生は、「はた織り」の子どもたちの方向を指しながら、「これ見てよ、これ見て！」。女の子は、正面でなく「はた織り」の子どもたちの方へ身体を向けて、「おお、みごと、みごと」と言った。大槻先生は、手をたたきながら「じょうず、じょうず」と嬉しそうに言いながら、その子を見ている。そのまま、今度は正面に向き直り、「この柄といい、この色合いといい、まことに素晴らしい」、腕を左に差し上げ、右に差し上げ、最後は膝から大きな円を描いて、その子は座った。次の「大臣」が「私はその布が気に入った」と言う。次の女の子は、「よく」と言い始めてから、智恵美先生が「はた織り」の方を指差しているのに気づいた。「はた織り」のいる方へ向きを変えながら、「王様に申し上げるとしよう」と続ける。

この場面では、「おお、みごと、みごと、この柄といい、この色合いといい、まことに素晴らしい」という大臣の言葉が誰に向けられているのか、何の目的で言われているのか、それの言葉の方向と内容が問題にされている。ここで柄や色が褒められている布は、大臣には見えていない。しかし、見えていないことがもう一人の大臣とはた織りたちに知られてはいけない。見えていないものを見えているように演じなければならないという動機に基づく目的が、このせりふにはある。だから、「みごと」はそれを制作したはた織りに向かって言い、「この柄といい」は観客たちに同意を求めるように正面に向けて言い、最後の「素晴らしい」は自分を納得させるように円を描きながら自分の体に収める。

ここで大槻は、言葉には動機と方向があることを子どもに教えている。先生たちからの要求に、ゆうあちゃんはよく応えている。大槻は嬉しくなり、「じょうず、じょうず」と褒める。

智恵美先生もまた、大槻が問題にした内容を了解している。次のせりふ、「王様に申し上げるとしよう」と言う女の子に、智恵美先生ははた織りがいる方向を指している。女の子もまた、先生が何を指しているのか意味を了解した。だから、もう先生たちからの指示がなくても、せりふをはた織りたちに向けるのである。

【記録13】

大槻先生は、ここで智恵美先生に、「こういうときに、こっちの人たち〔はた織りの子どもたち〕は、ただ聞いているだけになってるよ。〔手を差し上げて〕布を持ってるとかしないと、表現が空っぽになっちゃうよ。もう一回やってみて」と指示した。智恵美先生は「ずっと最後まで持っているんですか。」と手を上げた形を作りながら尋ねる。大槻先生は「大丈夫だよ、やってごらん」と迷いなく促す。智恵美先生は、「ずっと〔布を〕持ってるんだって、最初から最後まで」、「じゃあ、なるちゃんから」と子どもたちに言うと、大槻先生もまた、自分でも手を上に捧げ上げながら、「みごと、みごと、みんなでやってちょうだい」と子どもみんなに呼びかけた。

この場面で、大槻は「表現が空っぽになっちゃうよ」という重要な指摘をする。「空っぽ」とは、はた織り役の子どもたちが「ただ聞いているだけ」になる様子を指している。「ただ聞いているだけ」の状態とは、友だちの大臣の表現を他人事として眺める状態になることである。それは、それまでやってきた表現を断ってしまうことであり、子どもたちの中に対応がなくなることを意味する。大槻はこのような事態を見逃さないし、許容しない。だから、教師ははた織りたちに相応しい表現を子どもたちに要求しなければならない。それが、はた織りたちの作品である見えない布を持ち上げること、見えない布を見せる表現である。

【記録14】

「はた織り」の子が、「いかがでございましょう」と大きな声で「布を捧げながら」、「大臣」に呼びかけると、後ろの子どもたちもそれを受けて、「いかがでございましょう」と同じように布を差し上げるように腕と手を上へ伸ばす。智恵美先生が「ずっと手を降ろさないんだって」と指示、大槻先生も「降ろさないよ」と呼びかける。子どもたちは「布を差し上げた」まま座った。「はた織り」の子どもが続ける。「何ともお言葉がございませんが」。すると、「大臣」の女の子は「はた織りたち」に向かって「おお、みごと、みごと」と言ってから、左に大きく腕を上へ、「この柄といい」、右に大きく、「この色合いといい」、最後に身体の正面で大きな丸を描きながら、「まことに素晴らしい」。次の「大臣」の男の子が、「わしは、ことのほか気に入ったわい」

と言う。次の「大臣」の女の子が「よく王様に申し上げるとしよう」と言う。最後に、三人の「大臣たち」が一斉に「申し上げるとしよう」と言うと、智恵美先生は「はた織りたち」に向いて大きく息を吸い、子どもたちと一緒に「ありがとうございます」、と少し低くひざを曲げ、右腕を胸の前におき、「大臣たち」に恭しくお辞儀をした。布のやりとりが「成立した」ことで、空間に隙間がなくなったように見えた。

先の【記録13】ではた織りの子どもたちが持ち上げた布は、ずっと子どもたちの手の中に「ある」。「布を持っている」という表現をしているので、色や柄が「みごと」と称賛され、大臣に「気に入った」と言われている布が、授業を観察している筆者にも子どもたちにも「見えるように」なっている。このことで、はた織りたちの「ありがとうございます」が何に対して言われているのかも明確になる。

子どもたちの身体が表現として作り出した布によって、はた織りと大臣たちの滑稽なやりとりが表現として成立する。表現が「空っぽ」ではなくなったからである。対応ができたと言い換えてもいい。

【記録15】

次のせりふの女の子が出てくる。「しばらくして」と言いかけたとき、「もっと前」「もっと前だよ」と大槻先生と智恵美先生が二人ほぼ同時に、女の子に前進するように指示した。女の子は、二、三歩前へ移動する。「しばらくして、王様は」、大槻先生は「大きな声で」と呼びかける。「気立てのよい役人に　見に行かせることにしました」。このせりふを合図に、右奥に位置をとって集団をつくっていた子どもたちが、一斉に立ち上がる。ピアノが鳴る。三連符の滑らかな音に合わせて子どもたちは上体を左右に大きく揺らし、四拍目で一斉に上へ伸び上がる。この動きを繰り返しながら散らばり、広がり、次のフォームを右奥につくりにいく。

【記録5・7・11】と同様、大槻が子どもの立つ位置を指示するとき、「もっと前」とか「もっと離れて」といった具合に、もともといた場所や他の子どもたちがいる場所から、かなりの距離をとるように要求する。それでいて、指示する場所は「こっちか」「あっちか」などと探られることがない。大槻は常に、「ここ」と点を指さすような仕方で子どもにあるいは先生に指示をする。まるで大槻には、「ここでなければならない」という位置が見えているかのようである。

「はい、ストップ、こっちへ帰って、帰ってごらん」、大槻先生は子どもたちを止めた。「今ね、こっちへ行くとき、布で行くわけだよ」、話しながら大槻先生も両腕を滑らかに左右に揺らしている。「きれいな布で、いいですか」、「では、もう一回いきます」。「見に行かせることにしました」というせりふ、続いてピアノが鳴る。「はい、いこう、きれいな布で行って！」大槻先生は動き始めた子どもたちに言う。一度目とは子どもたちの身体の伸び方が大きく変化している。上下の伸びが格段に大きくなり、四拍目で手が天井に向かって静止する瞬間が、明確になった。滑らかな動きで、空間が満ちる感じがした。

大槻先生はしかし、再び全体の動きを止めた。そして、「ぼく、おいで」と男の子を一人、前に呼び寄せる。「きれいな布だったよ、この人」と後ろの子どもたちに言ってから、その子に左へ移動するように指差す。男の子は左へ移動するが、先生は「もっと、そっちから」とかなり奥の方へ行くよう促す。集団からかなり離れたところに来たとき、大槻先生は、「さん、はい」と合図を出す。男の子は伸び上がりながら息を吸い、両腕を左に大きく振り、動き出す。ピアノが合わせるように鳴り出す。右へ左へ、男の子は揺れながら、かつ上へも伸び上がりながら、動いていく。その子

> が動いている間、大槻先生は「ほら、〔この子は〕お手てを見てるよ、上を見てるよ、ほうら、爪を見てるよ」と後ろの子どもたちに呼びかけている。男の子が端まで辿り着くと、「上手だった」とその子に言い、全体には「はい、戻って」と指示を出す。子どもたちは元の位置に移動する。大槻先生は「さあ、今度は誰かな、見てるよ。はい、いくよ」と子どもたちに呼びかける。

【記録16】には、大槻に特徴的な表現指導が二つ表れている。

一つは、「今ね、こっちへいくとき、布で行くわけだよ」という言葉がけに表れている。この場面は、オペレッタの構成を変化させる場面転換のための移動をするところである。子どもたちはただ走ったり歩いたりするのではなく、上体を左右に大きく揺らし、四拍目で上へ伸び上がるという動きをしていた。筆者には、子どもたちは十分美しいリズム表現をしながら動いているように見えた。

しかし、おそらく大槻は、子どもたちの体の動きにイメージがない、あるいはイメージが弱いために動きが小さくなっている、と見た。大槻はこのような場面転換を目的とする移動にもイメージを加える。それがここでは「布になって」移動するということである。大槻から指示されて、子どもたちも「きれいな布」のイメージを直ちに了解する。だから、二回目の動きは大きく変化し、瞬間瞬間の形がそれぞれ明確になった。

大槻の指導の特徴の二つめは、「きれいな布だったよ、この人」と一人の男の子を取り上げる場面に表れている。大槻は男の子に、みんなの前で一人で踊るように指示する。そして、男の子が踊り出すと、「ほら、お手てを見てるよ、上を見てるよ、ほうら、爪を見てるよ」と、その子どもの表現の良さが視線の向け方にあることを細かに指摘し、その良さを一緒に見るように他の子どもたちに促す。それから、「さあ、今度は誰かな、見てるよ」と子どもたちに呼びかける。

【記録17】

「はい、いこうか」、子どもたちが動き出すと、大槻先生はすぐさま、「わあ、きれい」と大きな感嘆の声を出す。子どもたちの動きは先ほどより上へ、腰が伸び上がるようになり、大きくそして確信あるものになった。中には、手を上に伸ばしたときに一緒に片足もふわりと浮き上がる子がいる。「きれい、ああ、きれいだ、きれいね」、大槻先生は子どもたちを見ながら感激の声を挙げ続ける。

一人の男の子の表現の良さを「みんなのもの」にしてほしいという要求に、子どもたちは応えた。そのことがこの場面に表れている。大槻は、子どもたちの身体表現の美しさに感嘆し、大きな声で褒め続ける。

【記録18】

「布」になった子どもたちは、右手奥に集団をつくり、座る。このとき、二人の「大臣」は、すでに自分の場所をそれぞれ左手奥と左手前にとっていた。「ややっ、これはどうしたことだ」、「大臣たち」二人は、後ろへのけ反り、「布」の子どもたちは一斉に後ろへ伏せる。二人のソロが始まる。「あの大臣さまに見えたというに、わしの目には何もうつらぬ」、「こいつはどうも、へんだぞ」という部分にきたとき、伏せていた子どもたちも一緒に前を向き、全員の合唱になる。立てひざで座ったまま、歌は続く。「あのはたには何もない」、両腕を前へ後ろへという動きを繰り返しながら、そして最後、「からっぽだ」でポーズをとる。

この場面の表現を、大槻は一度目には何も言わずに見ているが、後に問題にする。

【記録19】

智恵美先生が「そのままだよ」と声をかけ、次に進もうとしたそのとき、大槻先生が「できればね」、と止めた。子どもたちにも「ストップ」と声をかける。「『こいつはどうもへんだぞ』っていうのがあるだろ」と、智恵美先生に話しかける。「しばらく、こう、〔歌いながら〕『こいつはどうもへんだぞ』、変だな、変だぞって考えているんだから、もう少し間をあけないと」、「はい、やってごらん」と指示した。智恵美先生は少し考えてから、子どもたちに「『あの大臣さま』から歌ってみよう」と、もう一度、同じ箇所を歌うように指示する。すぐ、子どもたちは歌い始める。そして、後ろに伏せる。

大槻が「ストップ」をかけたのは、「あの大臣さまに見えたというに　わしの目には何も映らぬ　こいつはどうも変だぞ」という一連のフレーズを、子どもたちがさらりと歌いこなしてしまい、先へ進もうとしたときだった。大槻は、「変だな、変だぞって考えているんだから、もう少し間をあけないと」と指摘する。ここで表れているのは、「こいつはどうも変だぞ」という歌詞を子どもたちが口先だけで歌っている、という大槻の認識である。「変だぞ」と歌っているにもかかわらず、子どもたち自身が「変だぞ」と思っていない、ということである。
何らかの事柄を「変だぞ」と思うとき、私たちは「変な」事態の前に立ち止まり、関係する事柄や事情について思いを巡らせる。思いを巡らせるにはその時間が必要になる。「もう少し間をあけないと」という大槻の指示は、このことを示している。

【記録20】

「あの大臣さまに見えたというのに」、大槻先生は「うまいよ」と大きな声で呼びかける。「わしの目には　何もうつらぬ」、そして全員の歌。「こいつはどうも、へんだぞ」までできたとき、大槻先生は子どもたちに、「考えてごらん!」と強い調子で要求する。次に進もうとする子を「まだ!」と制止し、「考えてごらん、ほら、変だぞって。平気な顔してちゃだめだよ」と、なおも強く言い続ける。大槻先生は子どもたちの方へ身を乗り出し、「『へんだぞ』」と歌いながら、ついに立ち上がり、「考えてごらん、身体で考える」と子どもたちに呼びかける。そして、「さあ、誰が考えてるかな」と言うと、右奥にいる子どもたちに近づいていった。大槻先生は子どもたちをじっと見る。子どもたちは、「どうしたらいいんだ」とばかりに少し戸惑っている。

「もう少し間をあけないと」という指示を受けた後、「やってごらん」と指示されて子どもたちは再び歌い出す。二回目を歌ったとき、大槻は「平気な顔してちゃだめだよ」と子どもたちに強く要求した。ということは、大槻の認識では子どもたちはまだ「平気な顔」をしていて、考えていない。

この場面での大槻の子どもたちへの次の要求は、「考えてごらん、身体で考える」という呼びかけである。この呼びかけから考えられるのは、考える行為は、身体を使うものだと大槻が考えていることと、表現が身体でなされるならば、考える表現もまた身体で表現されなくてはならないと大槻が判断していることを示す。

大槻はフロアの中央手前から子どもたちを見ていたが、このとき自分から子どもたちがいる場所へ近づいていった。子どもからみれば、遠くにいた先生が自分たちをじっと見ながら迫ってくるという事態になった。このことで、子どもたちは先生の要求が本気であることがわかったのかもしれない。ここまできて、初めて子どもたちは、「どうしたらいいんだ」といった表情で戸惑い始めている。

【記録21】

しかし、大槻先生は「ああ、考える子、いるね」と言う。智恵美先生が「ああ、たつやくん、考えてるね」と言うと、子どもたちは一斉にたつやくんを見る。「ああ、りょうむくんも考えてるね」、智恵美先生が言うと、子どもたちはお互いを見始めた。大槻先生は、「ああ、いいね、あの男の子、ぼくだ、立ってごらん」。二人の男の子が立ち上がった。「考えてごらん」。二人は考える形をしてみせた。一人は、両腕を組み、首をひねっている。もう一人は、腕を組みながら、左手はあごに当て、顔はうつむき加減にしている。大槻先生はその二人を見て、「ああ、考えてる、いろいろあるね、ほら考えてるよ、見てごらん」と他の子どもたちに呼びかける。

子どもたちは一斉に考え始める。オペレッタの内容を離れて、不安な感じが子どもたち全体を覆ったようにみえたが、その中でたつやくんとりょうむくんが「身体で考える」仕方をいち早く「発見した」。大槻と智恵美先生はそのような表現をしている彼らを見つけ、子どもたち全員にそのことを知らせる。このときから、子どもたちの視線は先生たちではなく自分の仲間たちに向けられていく。

そして大槻は、「ああ、いいね、あの男の子、ぼくだ、立ってごらん」と見つけた子どもたちを立たせる。大槻が男の子二人を立たせたのは、他の子どもたちに彼らをはっきりと意識的に見るよう促すためである。そして、「身体で考えている」子どもの身体を、子どもたち全体の中で際立たせ、二人を「見てごらん」と子どもたち全体に呼びかけている。

「立ってごらん」と「見てごらん」という言葉がけを、大槻は目的をもって行っているのである。ここでも大槻は、一人の子どもの良さを子どもたち全員の良さに拡大しようとしている。

それでいて大槻は、子どもたちに「いろいろあるね」と言う。子どもたちに考えることを要求はするが、どのように考える形をつくるかは、子どもそれぞれに委ねるのである。

【記録22】

そして、「はい、いこう」と呼びかけると、智恵美先生もすぐに「『こいつはどうもへんだぞ』いきます、さん、はい」と合図をした。すぐ、子どもたちは歌い始める。「こいつはどうもへんだぞ」、大槻先生は「考えてよ」と声をかける。子どもたちは腕を、組んだり上へ伸ばしたり、考える形をどうしようかそれぞれ探しているようだ。大槻先生はここで曲を止め、「こういうところ、大事にしないと」と強い調子で訴え始める。「今までやったことを練習するんじゃなくて、今日新しく見つけてやらないと、智恵美ちゃん」、智恵美先生は「はい」と頷く。大槻先生は「はい、どうぞ」と促すと、智恵美先生もまた子どもたちに呼びかける、「じゃあ、もう一回いきます、『こいつは』、さん、はい」。子どもたちが、歌う。「こいつはどうもへんだぞ」、智恵美先生も腕を大きく回すように指揮をし、最後は自分も腕を組んで「考える」。子どもたちも腕を組み、「考え込む」。

大槻にとって、授業は練習ではない。授業が決められたことの反復になると、学びは停滞し、子どもたちの頭も停滞する。これは斎藤喜博の授業論の一部である[101]。授業が高まると、次の課題が見えてくるし、そうなったときは前のものは否定され、破壊されなければならない。教師には子どもの高まりと、次の課題と、否定されるべきものが見えなければならない。ここでは、このような教師の仕事を大槻が智恵美先生に訴えているようにみえる。

【記録23】

この歌で、再び大槻先生は立ち上がり、「そう、変だね、ちょっと見ようか」と言いながら子どもたちに向かって歩き出した。「誰が変かな、誰が変かな、誰かな、〔子どもたちを正面から見て〕お目めが変だよ、お手てが変だよ」。更に子どもたちに近づいて、先生は子どもを一人ひとり指差す。「ああ、あの子が変だ、あのぼくも変だ」、奥の方に座っている子を指している。「変だなあ、変だなあ、考えなくちゃ、変だな」。

先生自身も腕を組み、頭を左右にかしげて、「考えている」。

　大槻先生は、子どもたちを近くでじっと見続ける。ほんの少しの間があってから、「あ、あの白い〔服を着ている〕子、うまいや。〔その子に向かって〕ほら考えて、変だ、変だな」。隣の子どもにも声をかける、「ほらほら、考えて、変だなあ、変だなあ」。そして、全体に向き直り、子どもたちみんなに呼びかける。「いいですか、そういう小さい表現を大事にしないとね、はい」。ここでようやく席に戻った。


「こいつはどうもへんだぞ」という歌詞について、【記録19】から【記録22】では、「考える形」を身体でどのように表現するかということが問題にされた。そのことで、この部分の表現は一旦定まったと思われたが、大槻はここで「そう、変だね、ちょっと見ようか」と再び動き出す。

【記録20】の中では、子どもたちへの要求は「考えてごらん、身体で考える」という言葉に表れていた。しかし、ここでの子どもたちへの要求は、「変だなあ、変だなあ、考えなくちゃ、変だな」と「ほらほら、考えて、変だなあ、変だなあ」という言葉で表されている。要求されているのは、「本当に考える」ことである。そして、考えているかどうかは「お目め」や「お手て」に表れる。

　ここまでの指導で、身体を使う考える形はできたけれども、その形が形式的になってしまっているという判断が大槻にはあったのかもしれない。物語の中で役人は、大臣には見えて自分には布が見えないことを「おかしい」、「変だ」、とその理由を考えている。本当に理由を知りたいと思っていたら、そのことは目や手に表れるはずだ。だから大槻は「お目めが変だよ、お手てが変だよ」という言葉を子どもたちに投げる。目や手は、身体全体からみると小さな部分である。しかし、大槻は「そういう小さい表現を大事にしないとね」という。

【記録24】

智恵美先生は、「もう一回、最初からやろうかな、はい、全員、布になって着きました」。ピアノが三連符の「布の音楽」を鳴らすと、子どもたちは動き始め、集団をつくって座る。「ややっ、どうしたことじゃ」、「役人」の子どもが張りのある声で言い、歌が続く。「あの大臣さまに見えるというのに　わしの目には　何もうつらぬ」、「こいつはどうもへんだぞ」、子どもたちは全員、この部分を歌いながら「考え込む」。すぐに先へはいかない。大槻先生は立ち上がって、子どもたちを見ている。十分「考え込んで」から、次の歌へ。「あのはたには何もない　からっぽだ」、「役人たち」が歌い上げる。子どもたちは全員で握った手を上げたり横に広げたりして、ポーズをとっている。

ようやく、この場面で「考える役人」の表現が子どもたちと大槻とに共有された。

【記録25】

次の「役人」の子どもが動き出す。大槻先生は立ち位置を指さす。女の子はそこに立つと、息を吸い込んでから、「大臣さまに見えたというに」と言う。次の「役人」の子が動き出すと、大槻先生は「ぼく、もっと向こうへ行って」と正面のまっすぐ奥を指さす。「はい、いいよ」と言われるや否や、男の子は集団に背を向けながら言う、「いや、いかん、これはだれにも知られてはならん」。それを受けて、全員が「知られてはならん」と言いながら、大きく全身を振りかぶって後ろへ伏せた。大槻先生は、「あの男の子、上手だねえ」と感嘆する。それから、後ろ向きに伏せた子どもたちに向かって、「誰にも知られちゃ、困るんだよ」と呼びかける。

大槻は、子どもの堂々とした表現を見ると、嬉しそうに感激し、それを必ず子ども本人に聞こえるような張りのある声で言葉にする。そして、子どもの良い表現を他の子どもたちの表現の内容へと「移し込んで」いく。「いや、いかん、これはだれにも知られてはならん」と男の子が表現した「役人」の意思を、大槻は、「誰にも知られちゃ、困るんだよ」という呼びかけでもって全員の表現へと拡大している。

【記録26】

緊迫した空気の中、次のせりふの男の子が動き出した。しかし、ふらふらと歩みが定まらない。男の子は、急にバタバタと足音をたてながら、ようやく位置を決める。大槻先生は優しく、「もっと、向こう」と右手前の端の方を指さす。男の子はわかったのかわからないのか、とぼとぼと移動する。智恵美先生も、「もっと向こう」と指さしながら、男の子に語りかける。そして、「はい、そこでいいです」と先生が言うと、男の子は絞り出すような声で、「王様が、お見えになりました」と言う。これを聞いて、後ろに伏せていた子どもたちは飛び上がりながら、「王様がお見えになりました」と、正面を向き、立ち上がる。手も足も大きく開いている。

ここで登場する男の子は、動きも言葉も弱いが、このような子どもの表現に保育園の先生も大槻も大変温かい。

【記録27】

ピアノが荘厳な、「王様登場」の曲を鳴らし始める。右手奥にいる集団の中から、「王様」と「お付き」の子どもたち三人が立ち上がり、行進を始める。大槻先生はそれを見ると、手をたたいて止めた。智恵美先生に、「王様、そこなの？　王様は向こうにいけばいい、三人向こうへ、三人ですか」と、尋ねる。智恵美先生が「はい」と答えると、子どもたちに向かって、「はい、行ってごらん」と言う。少し迷っている三人に、「むこうの隅っこがいい」と指示する。三人が隅へ移動すると、大槻先生は、「そこで三人でひざ立てしてごらん、こっち〔正面〕向いておひざ立て」。そして三人の位置を確認しながら、「三人はくっつかないで、後ろの人が大事、もっとバラバラに」と言う。この直後、後ろに座っていた「お付き」の女の子が一人、「王様」の左奥の方へ離れた。大槻先生はすかさず、「そうだ、頭いいね、それでいい」と勢いよく褒めた。智恵美先生は、「『知られてはならん』で、三人はそっちに行くんだよ」と指示する。

大槻は、ここでも子どもたちの位置を広げている。初めは、三人が行進を始める起点になる場所を、集団から離す。三人の子どもたちを「むこうの隅っこ」まで離す。次は、三人の子どもたち各々の位置を広げる。「王様」を頂点に、「お付き」の二人が後ろに座り、三角形を描くように座る。この三角形が、「もっとバラバラに」という大槻の指示によって大きくされた。大槻の指示によって、表現する空間がどんどん膨らんでいった。

【記録28】

「いいですか」、「はい」、と先生たちは今の変更を確認し合った。「王様」と「家来たち」三人の位置を改めて、智恵美先生は「じゃあ、もう一回お願いします」と、再開する。しかし、「王様がお見えになりました」のせりふを言う子がなかなか出てこない。大槻先生と智恵美先生は小声で話している。二、三のやりとりの後、大槻先生は頷いた。なかなかスムーズに動けない男の子に智恵美先生が声をかける。「ふうくん、キッと立って。そこでいいから」。しかしその男の子は、最後はバタバタと音をたてながら、先ほど示された位置まで走り、絞り出すような声で「王様が、お見えになりました」と「宣言」した。大槻先生は、「ああ、いいね」と声をかける。それを受けて、子どもたち全員が「お見えになりました」と立ち上がり、正面に全身を開いた。「いいね」と、大槻先生は全体に呼びかける。

一度目のときも、「王様がお見えになりました」のせりふを言う子どもはスムーズに動けなかった。しかし、前に指示された位置をこの子は覚えていて、そこまで自分で移動している。大槻は、せりふの後、「ああ、いいね」と彼の表現を褒めた。子どもたち全員がそれを受け取る。そして大槻は再び、今度は大きな声で「いいね」と呼びかけるように子どもたちに言う。

ここでは、「いいね」という大槻の言葉を介して、一対一と、一対多の対応が成立しているようである。

【記録29】

ピアノに合わせて、「王様」と「お付き」の三人が恭しく行進を始めた。大槻先生は「そうそうそう、ああ、うまいね」と声をかける。しかしまもなく、「あなた、弱いよ」と「王様」の男の子に言う。智恵美先生も「こうちゃん、ひじ」とひじを高い位置に上げるように指示した。「王様たち」は左手前に着いたところで、座る。集団の中から男の子が中央に飛び出してきた。せりふを言おうとしたとき、大槻先生は「ぼく、もうちょっと向こうへ行こうか」と、中央奥へ行くように指示する。男の子が動き始めると、「もっともっと離れて、向こう」、とかなり奥の方を指差す。「向こうへ飛んで行って、うん、うん、その辺で」。男の子が立った位置は、左右にいる集団からも王様たちからも離れたところで、前後の奥行きもある。そこに男の子が立ったことで、空間が「埋まった」ようになった。

「王様御一行」が動き始めた。大槻はまもなく、「王様」役の男の子に「弱いよ」と言う。「王様」が歩く様子としては、この男の子は歩みが軽すぎた。智恵美先生がすぐに、「こうちゃん、ひじ」と言って、肘を高い位置で張るように指示する。肘を張るようにという指示は、【記録6】と同様、「王様」の王様らしさの表現の問題に関わっている。

次のせりふに移ろうとしたときには、再び子どもの位置が修正された。このときの男の子は、他の子どもたちとはかなり離れた場所を指示されている。このときの大槻もまた、少しの迷いもなくその位置を示している。「そこしかない」という判断をしている。

【記録30】

位置を決めて、男の子が「王様に申し上げます」と言う。大槻先生は「そう」と頷きながら見ている。続けて「王様、あの織りものは、もうまもなく、できあがります」、こう言うと、次のせりふの子が出てきた。大槻先生はその子に、「ずうっと、行ってよ」「ずうっと、行ってごらん」「もっと、もっと、よし」、歩みに合わせるように指示し続けた。先生が「よし」と言った場所は、先の子がいるさらに先だった。そこにその男の子が着くと、大槻先生は「ああ、いいな」と言った。「今しばらく、お待ちくださいませ」、男の子が言うと、「うむ、ご苦労であった」と「王様」が答える。後ろの「家来」が続ける。「それで、どのようなものであったか、申してみよ」、「申してみよ」と「家来」が三人で繰り返す。

ここでも、せりふを言う子どもが立ち位置を大きく変えられている。【記録29】での男の子がかなり離れた場所を指定されたが、続くせりふを言う男の子はそのさらに先だった。二つの集団と、「王様御一行」の子どもたち、そして前のせりふの子ども、そして今回のせりふの子ども、これらの三つの集団と二人の子どもたちが、かなり離れた位置関係をとった。

【記録31】

女の子が一人、集団から前方へ出てきた。「はい。大臣さまがおっしゃったとおりで、言葉では言い表せません」。次の女の子が、前へ出てきた。細かい足運びで、片手を上に片手は下に、バレリーナのように回りながら、「何とも美しく」と言う。全員が続いて「何とも美しく」、と立ち上がって回ってみせる。次の女の子が出てくる。両手を大きく広げながら「色といい、柄といい」と言い、それに全員が続こうとしたとき、大槻先生が止める。

「ああ、ちょっと、今の美しかったんだから、もっと回りながら開いてごらん」、「はい、やってみよう」。すぐに、せりふの子が動く。「何とも美しく」、他の子ども全員で、「何とも美しく」。先ほどよりもずっと、全体が高く伸び上がる。しかし、回りながら動くのがやりにくいのか、広がり方に迷いがある。大槻先生は、大きな声で「もっと開け、もっと開け」と呼びかける。もう一度、子どもたちはやって見せた。「何とも美しく」と言いながら子どもたちはバレリーナのように回りながら大きく広がった。空間が勢いよく膨張したように見える。「色といい、柄といい」、大槻先生はそのせりふの子を見ながら、「そうだ」と大きく頷く。全員が同じせりふを繰り返しながら、左右へ大きく腕と胸を広げる。全体が大きく、堂々としてきた。一度目よりもその動きは大きく、芯が入ったような、確かなそして華やかな動きに変わった。

大槻は、子どもの良い美しい表現を見つけると、それをさらに拡大しようとする。この場面もその一つといえよう。「何とも美しく」というせりふをいう女の子の動きは、腕の形や繊細さなど、バレリーナのターンのようだった。これを大槻は、続く集団の動きとして拡大しようとする。

しかし、まず座った姿勢から立ち上がって、次に腕の形をつくって、せりふを言いながら旋回して、さらに場所を移動するというのは、子どもでなくても難しい動きではないだろうか。要求されてやってはみたものの、一度目の子どもたちの動きは、筆者には広がり方に迷いがあるように見えた。しかし、大槻は要求を止めないどころか、「もっと開け」と更に要求を重ねる。すると、二度目、子どもたちは「何とも美しく」と言いながら、ターンして大きく広がってしまったのである。「空間が勢いよく膨張したよう」であった。同時にそれは、子どもたち一人ひとりが大きく見えた瞬間でもあった。続く女の子の「色といい　柄といい」というせりふもまた、堂々と拡大した。大槻は「そうだ」と褒めるというより確信をもたせるように頷いた。

【記録32】

次の女の子が、奥の位置からせりふを言う。「それはみごとなものでございました」、両腕で大きな円を描きながら、最後は頭の上に空間をつくってみせた。「王様」の子どもが「おお、まことか、それは楽しみなことじゃ」と言う。「家来」三人が、「楽しみなことじゃ」と繰り返す。大槻先生は、立ち上がって子どもたちを見ている。最も奥にいた男の子が立って、「いよいよ、あの織りものを自分でも見たいと思いました」と言う[102]。全員が立って正面に向き直りながら、「みたいと思いました」と言うと、子どもたちは「ひらひらと」上体を揺らしながら動き始めた。音楽はない。智恵美先生は、「さっきの布だよ」、「きれいに」と子どもたちに声をかける。ひらひらと腕と上体を揺らしながら、子どもたちは左奥へ集まっていった。

子どもたちが表現をしている間、大槻は、決して子どもたちから目を離さない。

【記録33】

このとき、右奥の方には、「王様」と二人の「家来たち」、布を運ぶ「大臣たち」の五人が移動していた。ピアノが鳴る。「王様がおなりになる」行進曲だ。五人は一歩一歩、恭しく、奥から前方へゆっくり前進する。左前方に到着すると、行進の先頭にいた二人の「大臣たち」が、飛ぶように移動しながら、「王様、いかがでございましょう」と左に控えている集団に混じりながら「布」を差し上げる。全員、「いかがでございましょう」と「王様」に「布」を差し上げながら立つ。しかし、多くの子どもたちは棒立ちのようになってしまっていた。
大槻先生はここで止める。「あのね、待って、『いかがでございましょう』っていうのは、こうしてから座って」と、立ち上がり、自ら両手の掌を上に向けて、差し上げる形をしながら、智恵美先生に「ちょっとやってみて」と指示する。智恵美先生は「はい」と返事をしてすぐ、子どもたちによく見えるよう前方に移動した。大槻先生は「ほら、ちえみ先生を見て」と子どもたちに言う。智恵美先生は、両腕を一度後ろに引いてから、そのまま大きく下から回し、手のひらを天井に向けるように「差し上げた」。手のひらが顔の少し上まで到達すると同時に腰を下ろし、立てひざの形になる。「もう一回、見せてよ」、大槻先生が言うと、智恵美先生は次は横から動きの形が見えるように向きを変え、「いかがでございましょう」と大きな声で言いながら形を「決めた」。

ここで大槻は、「いかがでございましょう」と「大臣」たちが布を「王様」に差し上げる体の表現を問題にする。大槻は初め、自分の身体で差し上げる形を途中までやってみせたが、「ちょっとやってみて」と智恵美先生に預ける。智恵美先生は、何がこの部分の課題であるかをすでに大槻と共有していた。だから、「はい」と応えてすぐに身体が動く。

智恵美先生が見せたのは、両腕を一度後ろに引いて大きく下から回し、腕ごと手のひらを高く天井に向け、同時に片方の膝を折って座る形である。「差し上げる」という行為を身体全体で示すとこうなる、という感じであった。この形を明確に子どもたちに見せることができれば、この後大槻は、「よく見て」と子どもたちに指示するだけでいいのである。

【記録34】

大槻先生は子どもたちに指示する、「はい、やってごらん」「さん、はい」。子どもたちもやってみせる、「いかがでございましょう」。このとき、大槻先生は智恵美先生に小さな声で「〔こういうところは〕もっと、教えてもいいよ」、と指示していた。智恵美先生は「はい」と頷いている。そして智恵美先生は、もう一度子どもたちにやってみせる。「いかがでございましょう」。大槻先生は「ほらほら、うまかったね」というと、すぐ子どもたちに合図を送る、「さん、はい」。「いかがでございましょう」。子どもたちの動きは、先ほどよりひざが深く曲がり、全体に大きく広がっていた。

大槻はここで、表現を指導するとき、教師が積極的に教え込んでもいいときがある、と智恵美先生に教えている。教え込むことが肯定されるのは、その箇所で何が重要であるかが教師と子どもとに共有されていて、かつ、教師が教え込もうとする内容を了解できる力を子どもたちが予めもっているときだろう。

そのことは、この場面の子どもたちの表現の変化によって裏付けることができる。「ちえみ先生を見て」、「ほらほら、うまかったね」と言われてから、子どもたちは智恵美先生の動きと身体の使い方を、すぐに自分たちの表現に取り入れてしまっている。子どもたちは智恵美先生の動きを見ていただけなのに、次に自分たちが表現したときには、腕の振りは大きくなり、膝も深く曲がるようになったのである。

かつ、子ども全員がそのように大きく深く変化をしたために、全体的にも子どもたちが動く範囲が大きくなるといった変化を起こした。

【記録35】

「あれ、黒のリボンさん、上手だったよ、ちょっと来てごらん」。集団の中央あたりにいた女の子が、前へ出てきた。「はい、どうぞ。見ててね、はい」、大槻先生の合図で、女の子は左から右に、何かに駆け寄るように足を運びながら、腕を大きく振り切った。「いかがでございましょう」と言い終わったところで、きれいな立てひざのポーズを決める。両手は高く掲げられている。大槻先生は、「ほらほら、上手に立てひざができたね。もう一回、やってくれない」。女の子はもう一度やってみせる、「いかがでございましょう」。大槻先生は、子どもたちに「はい、さあさあ、もう一回やろう、もう少し下がって。いくよ、今の〈女の子の表現を〉もらいなさいよ、さん、はい」と、合図を送る。

【記録35】は、先生から与えられた表現を子どもたちの中に「戻す」かのような場面である。それを大槻は、やはり子どもの中に美しい表現を見つけて、それを共有させ拡大することで実現している。【記録33】では、大槻は「ちえみ先生を見て」と子どもたちに指示しているが、ここでの大槻は「黒のリボンさん」の表現を「もらいなさいよ」と子どもたちに指示している。「黒のリボンさん」の美しさを見つけて、それを取り出し、それを子どもたちに見せて、見た表現を子どもたち一人ひとりが自分の表現にするように促すのである。

【記録36】

子どもたちは全員で、「いかがでございましょう」とやってみせる。勢いが出てきた。声も動きも、動く幅も、すべてが大きくなった。大槻先生はしかし、「後ろのほうが上手かった。もう一回」と、きびきびとした調子で、もう一度要求する。「はい、いくよ、さん、はい」子どもたちはすぐに応えて、「いかがでございましょう」とやってみせる。「そうだ」、落ち着いた声で大槻先生は頷いた。子どもたちの動きと動く範囲が、拡大した。

良いものを共有したあとは、大槻は「きちんと」それを表現するように子どもたちに要求する。子どもたちもまた、大槻の要求に応えている。その結果が、大槻の「そうだ」という頷きであり、子どもたちの動きが拡大したという事実になる。

【記録37】

「王様」と「家来」三人が、布を見て「ややっ」とのけ反る場面に移った。が、布を差し出す子どもたちの動きに勢いが出てきたために、「大臣たち」が「王様たち」に急接近することになってしまった。二つの集団の間が狭い。大槻先生は、「王様たち」に「もっと下がって、もっと」と指示する。迷いながらじりじり下がる子どもたちに、「ピアノの方まで行きなさい」と場所を指さす。そこはかなり左側の壁に近い。使う空間が拡大していく。子どもたちがようやく位置を決めると「そう、そう、そう」と頷く。
位置を新しくした「王様」と「家来」は、二歩三歩とゆっくり「大臣」に近づき、「ややあっ」とのけ反った。「王様」の女の子が正面を向いて言う。「これはどうしたことじゃ、わしには何も見えないぞ」、全員が「見えないぞ」と言いながら、身体を下に伏せる。右奥にいた男の子が、「このわしが、ばかだというのか」と言うと、三人の「王様たち」は、「王としてふさわしくないというのか、ああっ」と言いながら回り、後ろを向いて身体を伏せる。

子どもたちの表現が一つ変わると、当然のように、続く他の部分も変えなくてはならなくなる。ここでは、【記録36】で表現が大きくなったために、以前に決めた場所ではスペースが足りなくなるということが起こった。大槻は、どこに行けばいいか迷っている「王様たち」の子どもに、ためらいなくほとんど壁際という位置に移動するように指示した。大槻にとって重要なのは、そこが壁際かどうかではなく、子どもたちの表現に十分な空間が担保されているかどうかである。

【記録38】

恵理子先生のピアノが、ゆったりたっぷりとした四分音符を鳴らし始めた。子どもたちはこの音楽に合わせてゆっくりと身体を起こし、最後は正面を向くように立ち上がる。

大槻先生は、「なんとまあ」と大きな声を出して、手をたたいた。「あの男の子と、あの女の子と、その子はねえ」、子どもを指差しながら、「ちゃんとお手てをこうして、歌に入ったよ」、先生は両手を頭の上で円を描き、それを大きく開きながら、子どもたちに言った、「ちょっとやってごらん」。智恵美先生は「じゃあ、伏せて」とその三人の子に指示した。

しかし、この指示で全員が伏せてしまったので、もう一度全員でやることに。「お願いします」の合図で、再びピアノが響き始める。子どもたちは、反対側に伏せた姿勢からゆっくり起き上がり、正面に向きを変える。両腕を上へ大きく上げ、円を描くように最後は下ろす。


大槻は、三人の子どもに表現する身体の美しさを見つけた。「なんとまあ」は、思いがけず美しい子どもの表現を見つけたという、大槻の素朴な感激の表明である。美しさの根拠は、ゆったりたっぷりした音楽にのせて、「お手てを」頭の上に円を描くようにゆっくり上げていったことだ。

【記録39】

大槻先生は、手をたたき、「そのピンクさん、いらっしゃい」と一人の女の子を呼んだ。奥の方にいた、ピンク色のトレーナーを着た小さな女の子が出てきた。大槻先生はその子に、「ここでやるよ、もっと向こうへ行って」と場所を指示してから、他の子どもたちには「見ててごらん」と呼びかける。「みんなに見せてあげなさい」と言われて、女の子は集団から少し離れたところに立った。「さん、はい」と大槻先生が言うや、女の子はさっと身体を伏せ、音楽が始まるとゆっくりゆっくり、丁寧に身を起こし腕を上げ、頭の上で描いた円を見ながら立ち上がる。そのまま、両腕を円を開くように動かし、ピアノの前奏が終わるときにはすっとした立ち姿になった。「もう一回、さん、はい」と言うと、女の子は再び身を伏せ、ピアノに合わせゆっくり動き出す。大槻先生は他の子どもたちに、「見てごらん、お指を見てごらん」、女の子を指しながら呼びかける。「きれいだねえ、さあ、歌いましょう」。そのまま歌に進んだ。

「ピンクさん」は、【記録38】で大槻が感激した三人の子どもの中の一人である。やはり大槻は、美しい表現をする子どもを多の中に埋もれさせない。女の子もまた、自分の仕事がよくわかっているかのようである。先生から「みんなに見せてあげなさい」と言われて、何も言わず何の迷いもなく、さっと身体が動く。

女の子が動き出すと、大槻は子どもたちに「お指を見てごらん」と、見るべき場所を指摘する。その女の子の美しさがどこに表れているかを明らかにして、それを共有しようとするのである。そして女の子の美しさを見届けると、そのまま「歌いましょう」と全員に呼びかける。

【記録40】

「ふたりのはた織り　織った布」、子どもたちは大きく身体を揺らしながら歌う。

「なんとみごとで　ございましょう」、この詞に進んだとき、大槻先生は手をたたいた。「『なんとみごと』、驚いている言葉だよ、『なんと』は、はっきり歌わなきゃ」と、大きな声で子どもたちに訴える。

「もう一回、最初から」、ピアノが再び鳴り始める。伏せた姿勢から、子どもたちは動き始める。「ああ、きれい、手がきれい」と、大槻先生は子どもたちの動きに感激する。「うわ、きれい、きれい、うん、きれい」、そして、歌い出しの前にきたとき、「吸って！」と呼びかける。子どもたちは勢いよく息を吸い上げ、「ふたりのはた織り織った布」と歌い出す。「『なんと』、吸って!」、再び大槻先生は子どもたちに負けないほどの大きな声で指示する。大槻先生も口を動かし、手を動かし、子どもたちと一緒に歌っている。

歌が終わると、「王様のお付き」の子どもが言う、「なるほど」。全員で「なるほど」と繰り返す。「なかなかみごとなものじゃ」、ここで大槻先生は止めた。

歌詞の言葉は、すべてが同じ価値で並んでいるわけではない。「なんと」は驚きを表す言葉だから、それまでの歌詞と同じ気持ちの延長で歌ってはいけない。旋律に身体を任せて気持ちよく歌ってしまうと、子どもたちはこのことに気づかない。言葉には状況や歌い手の認識、感情が含まれている。大槻は、それを歌でも表現するよう子どもたちに要求する。

その要求は、技術的には、息を吸うようにという指示でなされる。大槻は、「なんと」の前で息を吸うように子どもたちに指示する。

【記録41】

大槻先生は「王様たち」以外の子どもを指差しながら、智恵美先生に「『ございましょう』の後、ここが遊んでいるよ」と指摘した。智恵美先生は何が問題なのか確認する。「『なるほど』ってこっち〔王様〕が言ったら、こっち〔王様以外の子ども〕も『なるほど』と〔言う〕」。大槻先生は、その部分の前が問題なのだと言う。大槻先生は、そこで子どもたちの中に対応がなくなっていることを指摘していた。智恵美先生は考えてから、「『なんとみごとでございましょう』からいきましょう」と子どもたちに呼びかける。大槻先生も、にっこりと笑いながら「はい、いきましょう」と子どもたちに顔を向けた。

大槻は、歌っているときに子どもたちの中に対応が消えたことを見つけた。しかし、それを見つけるのは、容易ではない。子どもたちが歌っているとき、教師の注意は子どもたちが歌う様子や、歌声の調子や、歌の出来そのものに向きがちになる。

【記録42】

すぐにピアノが鳴る。「なんとみごとでございましょう」、このとき、子どもたちは両手を高く上げている。「なるほど」と家来が言う、全員で「なるほど」と答える。

このとき、子どもたちは胸を王様たちに向けて立っている。「なかなかみごとなものじゃ」の後、「みごとなものじゃ」と繰り返しながら、ひざの位置から大きく円を描き、両手を上へ。「王様」が言う。「大いに気に入ったわい」。手で円を大きく描きながら跳び上がり、身体を開いてポーズ、他の子どもたちも、「気に入ったわい」で跳び上がり、開いてポーズをとる。「こんどの行列にはこれを着ることにしよう」、「着ることにしよう」、ここで全員ヒールアンドトウの形になる。一人の子どもが、「王様」の前へ出てきて手を差し上げる。「王様、仕立てましょう」、全員で「仕立てましょう」と繰り返す[103]。

王様以外の子どもたちが「遊んでいるよ」と対応が消えたことを指摘されて、子どもたちは手を高く上げる表現が加えられた。「なんとみごとでございましょう」というせりふの対象である「みごとな布」を、子どもたちは持って差し上げているのだ。すると、次のせりふ「なるほど」も、王様が何に感嘆しているのかが明確になる。

【記録43】

恵理子先生のピアノが、軽快な「仕立ての音楽」を鳴らし始める。子どもたちは、後ろ蹴りをしながらリズムに合わせて手をたたく。自由に動きながら、そのまま三つの円のフォーメーションをつくる。三つの円はそれぞれ違う動きで、異なる仕事の表現をしている。空間が立体的に見える。フレーズが変わると、今度はギャロップで一つの大きな円をつくった。ステップがホップに変わると、子どもたちはみるみる円を崩す。そのまま自由に動きながら自分の場所を決め、正面を向いて、スリーステップターンを四回繰り返す。ピアノが和音を鳴らし始め、いよいよリズム表現の終わりを知らせる。子どもたちは、五人を残し、正面を向いたまま後ろへ下がっていった。

この場面はリズム表現で構成されている。子どもたちのステップは躍動的で、次々とフォーメーションを変化させていく。ピアノの恵理子先生と子どもたちの身体との共同作品のようである。この場面での大概は、子どもたちの表現をただ楽しんでいる。

【記録44】

前に残った五人は「王様」と「家来たち」である。真ん中にいる女の子が「王様」で、身体を大きく開いて立っている。男の子が「とうとう王様の新しいお召し物ができあがりました」と言うと、後ろにいる全員が「できあがりました」と両手を上げた。

前にいる二人が歌い始める。「王様の　お召し物」。ここで大槻先生は、「待って」と止めた。

「一、二、三、四、五、全員で歌ったら？」、前にいる子どもを数えて人数を確認してから、智恵美先生に言う。智恵美先生は五人の子どもたちに、「みんなで、王様も歌って」と指示した。智恵美先生が「はい、〔お召し物が〕できあがりました」と両手を上げると、子どもたちに合図、子どもたちは歌い始めた。「王様のお召し物」、しかし声が少し小さい。迷っているらしい子どもに、大槻先生も「歌うよ」と呼びかける。そのまま、五人はくるりと向きを変えた。二回目の「王様のお召し物」は後ろに座っている子どもたちも、全員で歌う。歌いながら子どもたちは立ち上がり、ステップで左右の奥に二つの集団をつくった。

リズム表現の場面が終わって、五人の子どもたちが前に出てきた。一人は「王様」である。ここで歌うのは「王様のお召し物　どんな服だろう」という歌詞なので、「王様」本人が歌うのはおかしいというのが保育園の先生たちの判断だったのかもしれない。しかし、「家来」二人だけで歌うのは弱かった。大槻は、「王様」を含めた五人全員で歌うことを要求する。おそらく、王様の服の歌を王様本人が歌う不条理より、表現としての歌の「強度」を強め、次につなげることを考えたのではないだろうか。もうすぐオペレッタはフィナーレを迎えるからだ。

【記録45】

「よいかね」とこのせりふを全員で言った後、「どんな服だろう」と子どもたちはホップで自由に動きながら歌い出す。歌が続く。「不思議な布でつくった」、大槻先生も手をたたきながら立ち上がり、子どもたちを楽しそうに見ている。子どもたちは「王様のお召し物」を歌いながら正面を向く。「早く見たい」という次の歌で、子どもたちは左手前と右奥に二つに分かれた。左から「見たい」、右が「見たい」それぞれ交互に外側に向かって両腕を高く差し上げる。「早く王様　来ればいい」と歌ってから、ホップで移動、「早く王様　来ないかな　来ないかな」。この歌で子どもたちは左手前、中央奥、右奥と三つに分かれた。

この場面は歌とリズム表現が合わせられており、かつ、全体のフォーメーションも次々変化する。子どもたちの歌も動きも躍動する場面である。

【記録46】

右奥の集団にいた女の子が立ち上がって、「パレードだ」と宣言する。全員で「パレードだ」と繰り返す。華やかなパレードの行進曲が始まる。左右の集団の子どもたちは立てひざの姿勢で曲に合わせて手をたたく。中央の子どもたちが「王様のパレード」だ。先頭にいる男の子に「家来たち」が一歩一歩後ろからついて、パレードのラインを描いていく。後ろの「家来たち」はそれぞれ、「王様」を引き立てる「道具」をもっている。大槻先生は「王様」の子に、「王様はこうだよ」と、両腕を横に高く張る形を見せている。しかし、「王様」の子は足の動きに合わせて両腕を前へ伸ばし、上下させている。「後ろの家来さん、きれい」と、大槻先生は大きな声で後ろの子どもたちを褒める。子どもたちは中央奥から右手前まで歩き、そして向きを正面中央に変える。自分の近くを歩く「家来」の子どもたちを、大槻先生は「きれい」「きれい」と語りかけるように褒める。

ここでも、「王様」の子どもの表現が弱い。歩くたびに身体が軽く上下してしまい、歩みに重心が載らない。そのため、荘厳さを表現する恵理子先生のピアノの音とも合わないのである。大槻は「王様」の歩みを堂々としたものにさせるために、肘を張って身体を大きく見せるよう子どもに要求する。対照的に、後ろに続く「家来」の子どもたちは「道具」をもった腕がぶれないまま、堂々と歩く。大槻は「きれい」「きれい」と何度も褒めている。

【記録47】

パレードの曲が止んだ。後ろ中央に控えていた二人の子どもが、「王様」を指差して「王様は、はだかだ」と大きな声で言う。少しの沈黙。「王様」の男の子が一歩二歩と後ずさりする。左右に座っている子どもたち全員が、「王様」を指差してさらに言う。「王様は、はだかだ」。「王様」の男の子は、両手で大きく円を描き、ぱっと上で手を広げ、「はだかの王様だ」と高らかに言う。全員が、「はだかの王様、ばんざい」と、跳び上がって、両手を同じ形に上でぱっと開いた。

この場面には、重要な演出がなされている。よく知られているように、「はだかの王様」の物語の中で王様が裸であることを大衆の面前で指摘するのは子どもである。正直な子どもに真実を指摘された後、王様を含めた人間たちがどのような行動をとるかという洞察が、この場面の演出に描かれている。

「子ども」の「王様は、はだかだ」というせりふの後、沈黙を間に入れなければならないのは、居合わせた人々が皆、王様の裸と子どもの正直さにどう反応すればいいか戸惑う時間が必要だからである。「王様」が後ずさりするのは、王様も本当は自分が裸で歩いていることを知っていて、それでいてそのことを簡単に認めるわけにもいかず、この場から消えたいけれど、立場上逃げることもできないという葛藤を表現するためである。
しかし、もう一度、今度は全員から「王様は、はだかだ」と言われたとき、王様は明るく開き直り、自ら「はだかの王様だ」と宣言してしまう。そしてそんな王様を大衆もまた明るく受け入れる。それが「はだかの王様、ばんざい」というせりふの意味である。この演出には、大槻の教材解釈が反映されている。

【記録48】

いよいよ終曲だ。ピアノが鳴る。しかし大槻先生は「ちょっと待ってね」と止めた。智恵美先生と何か相談を始める。「王様」の集団と左手前にいる集団の位置の関係が問題になっているようだった。智恵美先生が、「本当は、王様はここに来たいんです」、と「王様」の男の子を中央に立たせた。このとき、「王様」は中央からみて左に寄り過ぎてしまっていた。大槻先生は智恵美先生に、何か指示する。智恵美先生は、考えている。そして左の集団に、少し奥へ移動するように指示した。それからピアノの恵理子先生のところへ行き、何か相談していたかと思うと、いきなり伴奏が始まった。子どもたちはすぐに反応する。「早く王様　来ないかな　来ないかな」と歌いながら、三つに分かれる。

オペレッタの演出において、子ども同士の位置は度々問題にされる。位置が問題になるのは、子どもたちが近づき過ぎると判断されるときが多い。

智恵美先生の考えでは、「王様」の集団の位置が間違っている。しかし、大槻に言われて、変えたのは「王様」の集団ではなく、左にいる「町人」の位置だった。王様集団がこのときいた位置は、子どもたちが音楽に合わせて動いた結果、辿り着いた場所である。大槻は、「動く集団」を修正するのではなく、「待っている集団」の方を移動させた。

【記録49】

女の子が「パレードだ」、全員が「パレードだ」と繰り返したとき、大槻先生が「ちょっと待って」と止めた。「だめ！『来ないかな』」と言いながら両腕を広げ、首をかしげながら、「『来ないかな』って、のぞいてみないと」と言う。隆子先生（注：

雲山隆子先生、以下も隆子先生と表記）も加わり、大槻先生の指示を、子どもたちに近づいて繰り返した。「『来ないかな』、で〔王様たちをのぞいて〕」、隆子先生も動きを示しながら、「そしたらパレードだって」。せりふの女の子に指示する。そのまま子どもたち全体に向かって、スキップしながら「早く王様　来ないかな」と動き、二回目の「来ないかな」で止まり、のぞきこむポーズをして見せる。

「ここで、全員でパレードを眺める」と、隆子先生は子どもたちに指示する。大槻先生も、「王様を探すんだよ」とさらに加えるように言った。

「パレードだ」というせりふは、これからパレードが始まるという宣言である。しかし、子どもたち全員が繰り返す二回目の「パレードだ」というせりふは、これから始まるパレードを楽しみに思う「町人」の期待を表現している。したがって、そのせりふの直前に歌う「早く王様　来ないかな　来ないかな」という歌は、その期待をみんなで持続しつつ増幅する表現でなければならない。そして、語尾の「な」は、期待が実現することを願っていて、かつ相手の返答や同意を求める終助詞であるから、「な」はそれ自体で「相手」を目指している。この場合の「相手」とは、王様あるいは王様が現れることである。

「『来ないかな』って、のぞいてみないと」、「王様を探すんだよ」という大槻の要求は、歌に込められている町人の期待を、身体でも表現するよう子どもたちに要求しているのである。

【記録50】

すぐ歌が始まった。「早く王様　来ないかな　来ないかな」、大槻先生は大きな声で、「こっち上手だ！」と左の集団を指差した。先に進もうとする子どもを「ストップ」と制し、「こっちの人、見なさい」、左の集団が「上手」と指差す。左の集団にいる男の子たちは、腰から身体を曲げて、「王様たち」をのぞき込む形をしていた。大槻先生はさらに大きな声で「上手だ」と繰り返した。

【記録20】でもそうだったように、大槻は表現をさらりとやり過ごそうとする子どもたちを厳しく制止することがある。しかし、決してそのことを直接指摘しない。代わりに、「上手」な子どもたちを見るように、指示する。

【記録51】

「パレードだ」、歌は先に続く。「パレードの曲」に合わせ、「王様一行」が歩き始める。大槻先生は「王様」の子に、「王様、いいね、王様、もっと威張らなくちゃ」と声をかける。それから、手をたたいている子どもたちに向かって、「こっちは何をしているんだ？　花火か、お祝いの花火みたいだね」と笑顔を向けた。

やがて、「王様たち」が中央手前に到着する。後ろの子どもたちが大きな声で、「王様は、はだかだ」と指差す。指を差されて後ずさりする「王様」に、他の子どもたちは一歩ずつ近づく。智恵美先生は「王様を見てよ、見てよ」と呼びかける。緊迫した間を確認してから、子どもたちみんなで、「王様は、はだかだ」と「王様」を指差す。全員に指差された「王様」は、両手を大きく回しながら、「はだかの王様だ」と名乗りを挙げるように言う。これを聞いて、子どもたちは全員で「はだかの王様、ばんざい」と跳び上がる。

行進曲調のパレードの曲が始まり、王様たちが歩き出す。大槻は「王様たち」と、それを喜んで歓迎する「王様たち」以外の子どもたちも見る。喜んで歓迎していることを、子どもたちは立て膝の姿勢で、曲の二拍子に合わせて拍手する動作で表現している。

その動作をしている子どもたちに、大槻は「花火か、お祝いの花火みたいだね」という言葉をかける。大槻の言葉がけによって、子どもたちの拍手は「花火みたい」という意味付けをされたことになる。

子どもたち自身は、自分たちがしていることが花火の表現だとは思っていなかったかもしれない。単純に行進曲にリズムを加える表現だったかもしれないし、王様をはやし立てる表現だったかもしれないし、自分の楽しい気持ちを表現していたのかもしれない。大槻の言葉によって、拍手の動作に、華やかな花火のイメージが加えられた。

【記録52】

ピアノの短い前奏の後、最後の歌が始まる。「はだかの王様　はだかの王様」、歌に合わせて「王様たち」はパレードを再開する。中央手前から左奥へ向かって、一歩ずつ歩いていく。「行列は続く　大人も子どもも　いっしょになって　あとへ　あとへと　続く」、そしてスキップで動き出す。「だれにも見えない　お召しもの」、この短いフレーズで子どもたちはみんなが「王様のパレード」の後ろについた。「なんにも着てない　王様の」、歌いながら、「パレード」は大きな一つの列になった。

「行列は続く　行列は続く　続く」、最後の「続く」で、列は左奥から右手前に流れるラインをつくり、子どもたちは両手を高く掲げる。大槻先生は、「もっとこう、散らばると良くなるね」と先生たちに指示する。中央付近に子どもたちが固まって、先頭集団との間に隙間ができてしまっている。「そこを直しておいて」、「これ、行列だからね、長くね」、「長い行列ね」。
ここで、この日の四歳児の「はだかの王様」の手入れは終了した。

最後の曲は、歌とリズム表現が合わされ、かつ華やかにフォーメーションも変化させる。残された課題を先生たちに示して、この日の「はだかの王さま」の指導は終わった。

2. 大槻志津江の教授行為を考察する

大槻は、音楽表現の授業をしているとき、子どもから目を離さない。そして子どもの表現の中に大槻が何を見ているかということは、具体的な教授行為の中に明確に現れている。以下、それらを明らかにしてみたい。

①褒める

大槻は、子どもをよく褒める。しかし、褒める場面と目的には、いくらかの違いがあるように思われる。

一つは、表現をしている最中の子どもを褒める場合である。【記録3】のように、スキップをしている最中の子どもに「とても素敵だ」と褒めるときがこれに相当する。このように褒める場面では、大槻は全体の表現を止めない。【記録5】でしっかり呼吸をしてからせりふをいった女の子にも「じょうず」と声をかけるときも、表現の流れはそのままにしている。このようなとき、大槻は、ひたすら子どもの表現の美しさや強さに純粋に感動しているようにみえる。子どもに感激しているときの大槻は笑顔で、声も明るい。

二つめは、表現をする集団の中に美しい子どもを見つけ、全体の表現を止めてからその子どもを褒める場合である。その場合は、褒められた子どもにもう一度それをやるように子どもに要求する。【記録7】でそれが最初になされている。その場合、大槻は例えば「お口が開いているだろ」といったように、その子どもの身体を見るように他の子どもたちを促す。【記録17】でも、布の表現をしながら移動する子どもたちの中から男の子を一人呼び寄せて、「きれいな布だったよ、この人」と他の子どもに呼びかけている。その後、広い空間を使ってこの男の子一人で布の表現をさせている。「お手てを見てるよ、上を見てるよ、爪を見てるよ」と、この子が踊っている間、大槻は、この男の子の何が良いところかを具体的に言語化し続ける。

このように大槻が一人の子どもを他の子どもたちの前に出すのは、その一人の子を褒めることが目的ではない。目的は、その一人の子どもの身体表現の良さや美しさをみんなで認め、共有し、そしてそれを子どもたち全員のものへと拡大することである。そのために大槻は男の子の視線の動きを、共有すべき価値ある表現として具体的に言語化する。そのことを通して、一人の子どもの良さを子どもたち全員の良さにするのである。「お手てを見てるよ」「爪を見てるよ」という言葉がけは「この子の良さを具体的に認めて」という要求であり、「今度は誰かな、見てるよ」という言葉がけは、「今認めた友だちの良さを、自分の身体で表現してごらん」という、子どもたちへの要求である。

三つめは、うまくできなかった子どもがやり直す場合である。【記録9】で典型的にそのような褒め方がなされている。大槻の要求に子どもが答えたとき、大槻は「じょうず！」と勢いよく大きな声ではっきり、その子を褒める。多くの子どもがせりふをいう位置を修正されているが、大槻は指示された位置を理解したり、自分で大胆に遠くに移動した子どもを、「そう、いいね」とか「そうそう」などど、やはり褒めている。指示を「出しっぱなし」には決してしない。

②対応

対応とは、大槻の言葉でいえば、「表現で糸をぴんと張ること」、「後向きにいても、お互いに心の糸を張ること」だった。実際的には、相手の存在に気持ちを向け、相手と呼吸すること、その場に相応しい動きをすることである。大槻は、子どもの表現の中から対応が消えたと判断すると、必ずそのことを担任の智恵美先生にも知らせ、問題にしている。子どもたちの表現の中に消えた対応を再生させる大槻の指導は、三つの場合があるように思われる。

(1)言葉から引き出す対応

【記録12】で問題にされた、「おお、みごと、みごと、この柄といい、この色合いといい、まことに素晴らしい」というせりふの表現を指導するときに、大槻が何をしたのかを考えたい。このせりふを言った女の子は、初めから両腕を右に大きく回し、次に左に回し、それから正面を向くという仕方で、このせりふを表現していた。身体は十分大きく動いていたという意味では、すでにこの子は大きな表現をしていたともみえる。

しかし、大槻はこの女の子に「これ見てよ」という指示をしている。「これ」とは「はた織りたち」である。「はた織り」を見て言うということは、「みごと」というせりふは「はた織り」に伝えるべき言葉なのだということである。大槻の視線を指示する言葉がけによって、「おお、みごと、みごと」が「はた織り」の仕事を賞賛するものであることが明らかになる。言葉の意味としてではなく、相手の存在に気持ちを向けることによって、明らかになったのである。「大臣」が「はた織り」を見ながらせりふを言うことで気持ちの向きが明確になり、対応ができる。腕を大きく回すだけでは、大きな声をだすだけでは、表現は不十分なのである。

同様の指導は、【記録49・50】にもみられる。見えない布で仕立てた服を着て王様がパレードを始める前、子どもたちは「町人たちの合唱」を歌っている。「王様のお召し物

どんな服だろう　不思議な布でつくった　王様のお召し物　早く見たい　早く王様来ればいい　早く王様来ないかな」という歌は、王様を早く見たくてたまらない町人たちの気持ちを表している。このような逸る気持ちを、大槻は歌詞から引き出して、それを表現するように要求する。

例えば、舞台を見ている観客が主役の登場を今か今かと待つとき、観客の視線や注意は主役が出てくるであろう場所に集まるはずだ。同じことがこの場面での町人たちには起こっている。だから、町人たちは王様を「のぞいてみないと」いけないのである。これが町人たちに相応しい動きであり、町人たちと王様と互いに心の糸を張っていることの表れであり、対応である。この指導を受けるまで、子どもたちはフォーメーションを変えながら明るく楽しそうに歌を歌っていた。しかし、それだけでは「お互いに心の糸を張ること」は実現しない。

⑵身体から引き出す対応

身体の対応が失われる瞬間を、大槻は見逃さない。それを指摘し指導する場面は多くあるが、典型の一つは【記録13】であろう。大臣役の女の子が「おお　みごと　みごと」というせりふを表現しているとき、はた織り役の子どもたちが女の子のせりふを「ただ聞いているだけになってる」ことを大槻は指摘する。それを大槻は、「表現が空っぽになっちゃう」と表現している。

この場面のはた織りに、せりふはない。この対応の「空っぽ」状態を再生させる手立てとして、大槻ははた織りたちに「布を持たせる」。「布を持つ」ことで、大臣役の女の子とはた織り役の子どもたちは「心の糸を張ること」ができるようになった。言い換えれば、「布」を介して互いの表現がつながった。子どもたちのイメージの中に物を出現させることで、対応を満たすことができることを、大槻はこの指導で示している[104]。

もう一つの典型は、【記録19】から【記録24】で問題にされている、「こいつはどうも変だぞ」という歌詞の身体表現だろう。この歌詞は、「あの大臣さまに見えたというに　わしの目には何もうつらぬ　こいつはどうもへんだぞ　あのはたにはなにもない　からっぽだ」という役人の歌の一部である。

初め、子どもたちは、自信をもってこの部分を歌っていた。そしてその部分を歌うと、子どもたちはさっさと次の場面に進もうとした。このときの子どもたちの歌には、はっきりとした人間の行動は「含まれて」いない。大槻先生はそれを見てとり、歌詞に人間の行動をいわば「含ませる」ことを要求した。「変だな、変だぞって考えているんだから、もう少し間をあけないと」という大槻先生の言葉は、それを示している。ところが、この歌は、役人の独白、役人の内省を歌う歌である。歌詞は確かにあるが、内省の表現であるという意味において、言葉に行動を向ける相手がいない。

子どもたちは、「もう少し間をあけないと」と大槻から言われて戸惑いを見せた。しかし、この戸惑いは早い段階で解消されている。二回目に歌ったとき、先へ進もうとして「まだ！」と大槻に制止された子どもは確かに数人いたが、一方で、先生の指示を聞いて、先へ進まずに間を取っていた子どもは少なくなかったからである。つまり、「考えているんだから、もう少し間をあけないと」と大槻に言われたとき、「変だぞ」という歌詞は、自分に布が見えないのはなぜかと役人が考えている事態を示しているのだと、そして人が考えるには時間が必要なのだと、子どもたちは理解したことを示している。

(3)イメージの共有と対応

しかし、考える間をとるだけでは不十分だった。子どもたちにとってのより深い戸惑いは、この後に起こったと思われる。大槻は子どもたちに、「考えてごらん」と要求した。この要求に応えるには、考える役人がどんな顔をするのか、考えるとき人はどんな顔をするかを想像したり、考える自分はどんな顔をしているのかを思い出したりしなければならない。どちらにしても、手がかりは自分の内面的なイメージしかない。いわば、対応すべきものを自分の中に求めなければならないのである。

子どもたちは、「考える」という行為をどう表せばいいのかわからない。身体をどこにどう向けていいのかがわからない。歌詞に行動を巻き込む意味があることに気づいたものの、そのイメージをどのように表したらいいのかがわからない。

大槻は、子どもたちに手がかりを与える。それが「平気な顔してちゃだめ」と「身体で考える」という言葉がけである。しかし、平気な顔でなければどのような顔をすればいいのか、身体で考えるということは身体がどのようになることなのか、それを表す仕方を大槻は教えない。

子どもたちは、「考える」とはどのような身体行動なのかを探り始める。そして、男の子二人がその表現に成功した。両腕を組んだり、首をひねったり、左手をあごに当てたり、顔をうつむき加減にしたりといった身体を見せ、「考える」という行為を身体の表現として示した。大槻がそれを、「ああ、考えてる、いろいろあるね、ほら考えてるよ」と褒めて、「見てごらん」と他の子どもたちに見るように指示する。

二人は、「考える形」を大槻と仲間たちに見せる。この後、子どもたちはお互いを見ながら、自分の「考える形」をどうしようか、具体的に動きながらそれぞれ探し始める。この後「じゃあ、もう一回行きます」と言われ同じ箇所を歌ったときには、多くの子どもたちは腕を組んだり、顔を色々な方向に向けたりしていた。

この場面、【記録19】から【記録23】で起こった対応は、いくつも入り組んでいる。まず、課題になった対応は歌詞が求める対応、「変だぞ」という歌詞が求める行動だろう。子どもたちはこの課題の意味を比較的早く理解している。困難だったのは、次に要求された対応、「考えてごらん」という要求である。この要求に応えようとすると、表現の手がかりを自分の内面に求めなければならないために、子どもたちは自分の内面を探らなければばならなくなる。「考える」という抽象度の高い行動をどう表現するかは、人間への洞察が必要とされるが、その洞察の対象は自分である。いわば子どもたちは自分との対応を迫られたのである。

次に起こった対応は、友だちの表現を自分のイメージに取り入れるという対応である。大槻が「考える身体」をつくった男の子二人を褒めたことで、「考える身体」の手本が子どもたちに示された。これを手がかりに、それぞれの子どもたちは具体的に自分の身体を動かし始めた。子どもたち全員が「考える身体」を表すに至ったこの過程は、イメージの共有と拡大が起こったことを示している。

確認しなければならないのは、多くの子どもが腕を組む形をしたのは、腕を組むように教師に要求されたからではないということである。子どもたちは、表現に早く「成功した」二人を見るように指示はされたが、同じ格好をするようには言われていない。実際に子どもたちは、似た格好になってはいたが、全く同じ格好をしている子どもはいなかった。つまり、多くの子どもが腕を組む形をしたのは、表し方の手がかりを友だちの身体から得て、それを共有したからである。つまり、友だちとのイメージの共有によって自分のイメージを拡大したことが、腕を組むという表現になったのである。この表現は、友だちのイメージと自分の身体イメージとの対応の結果であろう[105]。

③空間が埋まる身体の位置

大槻は、オペレッタの表現をつくる多くの場面で、子どもたちの位置を修正している。修正される位置は、子どもと子どもとがかなり離れる場所である。そして、すでに指摘した通り、大槻は子どもが立つ位置を指示するのに、迷ったり探ったりすることが全くない。授業の中で大槻が場所を指示するときは、「ここ」とか「そこよ」などといった言葉を使い、表現する位置が予め決まっているかのような明確さをもっている。

なぜ、子ども同士を離して表現させるのか、そしてなぜ「そこ」でなければならないのか。

一つの理由は、オペレッタの演出上の問題であるように思われる。子ども同士の距離が近いと、子どもたちの表現全体が小さく見えてしまう。例えば、発表会で演じることを考えて、観客にどのような印象をもって見られるか、音楽劇としてどのような見せ方をするかということを考慮すると、表現は大きい方がいいと判断するのはもっともであろう。

しかし、子どもたちの表現の距離が近いとなぜいけないかという問いの考察は、右の分析では不十分である。

【記録27】の場面を例に考えてみたい。この場面では王様役の子どもとお付きの家来役の子どもが二人、計三人で移動する。大槻は三人のそれぞれの姿勢を確認した後、「三人はくっつかないで、後ろの人が大事、もっとバラバラに」という。家来役の女の子が奥の方へ移動して王様から離れると、「それでいい」と勢いよくその子を褒めている。

このことで、三人の子どもがつくる三角形のフォームが大きくなったのは当然だが、それ以上に、筆者には子どもたちの表現があるまとまりをもったようにみえるようになった。三人の子どもの中の対応が、拡大されたのである。子どもたちの間隔が広がったことで、一見すると逆の事態が、つまり、子どもたちの間の対応が緊密になったように見えたのである。「後ろの人が大事」と大槻がいうのは、後ろにいる家来の方が王様との対応を意識しやすいからではないだろうか。

そして、大槻は続けて「もっとバラバラに」なるようにと指示する。バラバラになって友だちと離れることは、子どもにとっては心細いことである。しかしそれ以上に深刻なのは、友だちとの距離が離れることは、表現によって埋めなければならない空間、比喩的に言い換えれば、心の糸を張らなければならない距離が長くなることである。ここで子どもに必要とされる力は、一人になる勇気、自立する力、独立する力といってもいいかもしれない。友だちから距離を遠く離れるようにという要求に応えることは、子どもにとって勇気のいることにちがいない。だから、思い切って王様役の男の子から離れた女の子を、大槻は大きな声で間髪入れずに褒めた。大槻は、自分の指示通りにしたことを褒めたのではなく、その女の子の対応の力と自立する勇気を褒めたのである[106]。

【記録5】の女の子と大槻との「やりとり」は、このことを端的に表しているように思われる。女の子は、みんなと一緒に歌を歌った後、せりふをいうために集団から抜け出して、小走りで移動した。ところが、自分で止まった場所でせりふを言おうとするとそれを制止され、二メートル近くも位置を前に変えさせられた。しかもそこは、先生たちがほぼ目の前にいる場所だ。しかし、女の子はひるまない。指定されたその場所で、女の子は「ぐっと身体を大きくするように息を吸」ったのである。せりふを言い切ったとき、大槻はその女の子に「じょうず」と感嘆の言葉を送っている。このときの大槻は、女の子がせりふを通して自立と強さを示したことを褒めたのではないだろうか。

表現する位置を大槻が修正することについては、もう一つ、別の場合がある。子どもの表現自体の大きさが変化したために、表現する位置も変えざるを得なくなる場合である。

このことは、【記録33】から【記録37】に典型が見られる。

【記録33】では、子どもたち全員が布を王様に「いかがでございましょう」と差し上げる。大槻は、「あのね、待って、『いかがでございましょう』っていうのは、こうしてから座って」と、このせりふに、座った姿勢から腕全体を大きく下から回して手を高く上げる身体表現を要求した。子どもたちはこの身体表現をまもなく自分の身体へと取り込んだ。【記録36】では、子どもたちの動きに勢いが出てきて、最後に「いかがでございましょう」とせりふを言ったときには、子どもたちの動きと動く範囲が拡大した。

ところが、このことで、大臣役の子どもたちと王様役と家来役の子どもたちの距離が狭くなってしまった。大槻は、王様と家来たちに「もっと下がって」と指示した。大槻が子どもたちに指示した場所は、公民館の広い部屋のほとんど壁際という位置である。子どもたちには迷いがあるように見えたが、大槻に迷いはない。一方の表現が大きく変わったので、それに対応するためにもう一方の表現の位置を変えたら、そこがたまたま壁際だったということだろう。

このように、大槻は、子どもが表現する位置を他の子どもたちから離すこと、表現の内容が変われば、それに応じて途中で子どもたちの位置を修正することを迷わない。対応の力と自立の力をつけさせようとしたら、距離は近過ぎてはならないのである。表現で子どもたち同士の「心の糸が張られている」とき、子どもたちの距離が遠く離す空間はむしろ表現によって埋まっていく。

④教材解釈と演出

大槻の教材解釈は、大槻のオペレッタの指導全体を貫いている。その意味で、大槻の教材解釈が実際の指導場面にどのようにみられるかを特定するのは難しい。しかし、例えば、【記録40】の「ふたりのはた織り　織った布　なんとみごとでございましょう」という家来の歌を指導する場面をみると、教材解釈が歌唱指導にどのように表れているかがわかる。

大槻は「『なんとみごと』、驚いている言葉だよ、『なんと』ははっきり歌わなきゃ」と子どもたちに訴えている。歌詞の中のどこを強く歌うかの判断は、歌詞と旋律の解釈に裏付けられる。オペレッタの文脈とも切り離せない。この場面での「なんと」という言葉は驚きの表現だから、さらりと歌い過ごしてはいけない[107]。この表現を実現させるために、技術的にはこの言葉の前で深く息継ぎをするように指示している。同じことはすでに取り上げた大臣の歌、「こいつはどうも　変だぞ」にも相当する。「変だぞ」の箇所では、楽譜通りにきちんと歌うことよりも、人間の生の文脈が優先されている。この判断の根拠が教材解釈にあることは間違いないだろう。

しかし、大槻の教材解釈が最も鮮明に表れているのは、【記録47】の場面の演出であろう。この物語のクライマックスである、パレードの最中に正直な子どもが「王様は裸だ」と指差すシーンの演出をみてみたい。

【オペレッタの台本のせりふと演出】[109]

子ども「はだかの王様だ。」／（一瞬、曲が止まる。が、また流れ出す。行列は続いていく。）／全員「行進曲と終曲の合唱」

【美濃保育園の子どもたちのせりふと演出】

子ども「王様は、はだかだ」／（王様は、一歩二歩と後ずさりする。）／全員「王様は、はだかだ」／（王様は、両手で大きく円を描き、上で手を広げて）／王様「はだかの王様だ」／全員「はだかの王様、ばんざい」／（全員、跳び上がって王様と同じように両手を上で広げる）／全員「行進曲と終曲の合唱」

台本と実践とのこの違いは、大槻の教材解釈に由来している。正直者の子どもが王様の裸を町人の前で大きな声で指摘するところは、台本も美濃保育園の演出も同じである。台本では、一瞬、曲が止まるという指示があるがせりふはなく、王様が裸を指摘された後は、何事もなかったかのように行列が再開し、そのまま明るく華やかな合唱へ続き、フィナーレを迎える。

ところが、美濃保育園の演出では、「王様は、はだかだ」というせりふを挿入し、しかもそれを二回繰り返す。真実の指摘を増幅させているかのようである。しかも、二回目の「王様、はだかだ」というせりふは、王様が窮地に置かれていることが町人の目にも明らかな状況で発せられる。そしていよいよ追い込まれた王様は、大きく身体を開きながら、自ら「はだかの王様だ」と言ってしまう。この王様のせりふは、どうしていいかわからなくなった王様が窮地を脱するために開き直ったようであり、虚栄心に負けた自分の弱さを潔く認めてしまう宣言のようでもある。そのような王様の素直さ、己の弱さを大勢の町人を前にして率直に認める王様を、町人たちは明るく許し、そして受け入れる。町人たちの許しと受け入れが、「はだかの王様、ばんざい」というせりふの意味である。そうして、この町の町人たちはこれからも王様を尊敬し続け、愛し続けるのである。

このような解釈は、大槻の人間への洞察、そして深い愛情を表している。「三枚のおふだ」の解釈にも同様の人間や自然への深い愛情が示されていた。圧倒的な悪であるおばばにもかわいらしさを読み取るように、寺のおつとめを抜け出す小僧の幼さに愛情を寄せ将来の成長をみてとるように、大槻は、己の虚栄心から騙されて恥をさらしてしまった王様にも愛情を寄せ、その愛情をオペレッタの演出の形で表現するのである。

このような解釈と演出は、子どもの表現ではなく、教師の表現である。教師の表現とは、大槻という教師の表現であり、同時に、この解釈と演出の意味を理解し、実際に子どもたちを長い時間をかけて指導してきた保育園の先生たちの表現でもある。このような解釈と演出を通して、子どもの表現と教師の表現はぶつかり合い溶け合うのだろう。

第五章　子どもの音楽表現
――大槻志津江の仕事に学ぶ

1．表現と表現の指導

ここで、改めて原初的な問いにもどってみたい。表現するとは、一体何をすることなのだろうか。

芸術という営みに即して表現とは何かを問うてきた学問は、美学である。しかし、美学の歴史の中で表現という言葉が何を意味してきたかをみると、その内容は時間をかけて揺れ動き、ときに論争的であり、そして未だに多義的である[109]。表現、表出、描出、再現といった言葉が、それぞれの意義について入り組んでいる。音楽表現ということに焦点を当てると、その内容は一層わからなくなる[110]。

このような表現という言葉の複雑さを踏まえた上で、竹内（1999）の表現と表出に関する見解をとり上げたい。

竹内は、表現という言葉の意味や使われ方が、私たちの日常においていかに曖昧かを確認した上で、無意識のうちに表れるものを表現といっていいのかという問題提起をする[111]。そして、無自覚に外に表れてくるものを「表出」と呼び、意識的な行為によって表れるものを「表現」と呼ぶ[112]。

竹内は、表出の場合は、何を表しているかが本人に自覚されないために、「外に表れたものを理解してくれる、あるいは受けとってくれる他者がいる場では、何かが相手と自分の中につながっていって、あるいはとけ合うという感じが強」い、という。しかし他方、「それがわかってもらえないという場合には、他者との間は断ち切られて、絶望感、あるいは孤立感だけが残」るという。

何を表しているかが本人に自覚されないまま何かを表すという事態は、「私」が、「私」が表そうとしている何かに気づくことができないまま、外からやってくる要請に単に反応しているということに等しい。そのとき外に表れるものは、反応の結果としての何かに過ぎない。この事態においては、「私」が外に表したものと「私」の関係は、距離が全くない状態、即自の状態にある。したがって、「私」が表したものが相手に受け入れられるか拒絶されるかという問題は、「私」の即自、「私」そのものが受け入れられるか否かという問題にすり替わってしまう

受け入れられたときは、いい。しかし、相手に「わかってもらえない」と感じたとき、その感じは「私」のすべてが拒絶されたと思うことと同義になる。だから、「私」の内面

は他者との関係に絶望し、孤立する。表出においては、「私」の存在価値をかけた選択が、他者の反応にすべて委ねられてしまうのである。

ところが、「自分の中に動いているものに、はっきり気づいている場合には、それが表出されたものを他者がわからないと言ったときにも、単に孤立感の中に閉じこもることはない」[113]。なぜなら、自分の中に動いているものに自覚があり、それを「私」が外に表そうとするときには、「わからない」とか「受け入れられない」という反応が、「私」自身の否定ではなくなるからである。「私」が自分の表そうとするものに気づいているときは、いわば「私」が外に表すものと「私」の関係に距離がある。したがって、「私」が表したものが受け入れられなくても、否定されたことを認めつつ、「私が表す仕方が上手くないのではないか」と問いをもつことが可能になるのである。問いをもつことができれば、「わからない」と言われたとき、「ではどのようにしたならば、他者に対してわかるようにできるだろうかという努力が、そこで起こり得る」[114]。

竹内は、気づいた自分自身を、「他者に手渡そうとすること、つまり、他者に架橋する、橋を架けるという行為」、竹内はこれが表現という行為だと思うという[115]。そして、自分の中に動いているものに気づいているとき、その気づきは、「自分そのものに気づくということ」なのだともいう[116]。「自分の中に動いているものに、はっきり気づいている場合」、これが表現の「出発点」だと竹内は考える。

すると、「自分の中に動いているもの」に気づくかどうか、自分自身に気づいているかどうかが、表出と表現の分岐だということになる。加えて、表現は自分自身の中にあるものを他者に手渡そうとする行為であるということは、表現という行為には「わかってほしい」他者、「私」が目指す他者がいることになる。そこで、表現とは「他者と自分との両者にとって、共通に認識し得る形を見つける作業」になってくる[117]。

竹内によれば、この作業においては、物真似と言われる模写行為が必ずまじってくる。その物真似は「一つの土台」となり、それを基にして他者との間に、共通に了解し得る何かを自分自身で見つける探求ができるようになる[118]。「私」は、見つけ出したものをどのように工夫すれば「自分の内部に動いているものとぴったりするか探り」、「他者の目の前にさし出したときに、他者が了解できるかどうかを」探り、自分が見つけたものと他者の了解が一致するか、「みずからの中で、手応えをもって成立させ」ようとする。この「作業」は、「ひとりひとりのきわめて独自な内密な作業」である[119]。

大槻の音楽表現の指導は、子どもたちに竹内のいう表現の努力を迫っている。

例えば、「はだかの王様」の【場面19】から【場面24】において、大槻は明確に表現の努力を子どもたちに要求している。「こいつはどうもへんだぞ」という歌詞を歌うとき、大槻は楽しそうに明るく歌う子どもたちを制止した。そして、子どもたちに、「へんだぞ」という言葉が含む人間の行動、人間の身体を考えさせた。最初に大槻が突き付けたのは、考えているのだから、すぐに次を歌うのはおかしいということだった。子どもたちは「こいつはどうもへんだぞ」と歌った後、考える間をとった。しかし、考える間をとるだけでは、単なる表出の域を出ない。この時点では、先生からの要求に子どもたちが反応しただけの段階を超えていないからである。

大槻が「誰が考えてるかな」と言いながら子どもたちに近づいていったとき、子どもたちはまさに困惑し、自分の身体をどうしたらいいのか考え出した。先生が近づいてきたことは、子どもたちにとって、自分の内面を伝えなければならない相手が迫ってきたことを意味している。

伝えなければならない相手が明確になり、同時に大槻に「考えてごらん」「身体で考える」と言われて、子どもたちは自分の身体を意識的にどうにかしなくてはならなくなった。大槻が子どもたちに要求したのは、自分がもっているイメージに気づくこと、そしてそれを、身体を使って相手に伝える工夫をすることだった。この場面は、大槻がまさに表現の努力を子どもたちに迫った場面だったといえるだろう。

表現の努力を迫られ、子どもたちは、「考える」という行為をどう先生に伝わるように表せばいいのか考える。ここで、二人の男の子の身体が、子どもたちの表現をある方向へ導いた。それは、大槻が企図したことでもある。

二人の男の子が「考える形」をつくってみせる。この二人の「考える形」を見た後、多くの子どもは腕を組むという仕草を見せた。一般的に見れば、この事実は、子どもたちが先生に褒められた子どものやり方を真似したということになるかもしれない。しかし、他者と自分との両者に共通に認識し得る形を見つける作業としての物真似は、表現の探求の一部である。竹内の言い方を借りれば、物真似は「一つの土台」として、認められなければならない[120]。重要なことは、二人の男の子が見せた「考える形」を真似ることが、子どもたち自身によって選ばれた一つの方策であるということである。それは自分の内部を探り自覚する過程で起こることであり、子どもたちの努力の過程で採られる工夫であり、子どもたち自身の独自の内密な作業の一部であるということだ。

竹内のいう物真似が起こった、この場面における一連の教授行為は、次の大槻の言葉を具体的に示していると考えられる。

子どもの創造的表現づくりには、教材解釈の共有だけでなく、ひとりひとりの子どもがその教材解釈から、自分で表現のイメージを生み出すまでを、子どもに委ねる手順方法の責任を教師は負わされているのではないだろうか。あせってはならない[121]。

大槻は「考えてごらん」とか「身体で考える」といった言葉を子どもたちに投げかけ、表現の努力を迫っている。この言葉がけは「こいつはどうもへんだぞ」という歌詞の教材解釈を子どもたちと共有することが企図されている。

しかし、それでいて大槻は、「身体で考える」とは何をすることなのかは決して教えない。大槻は、「考えてごらん」とか「変だな、変だぞ」と繰り返すのみである。それ以外にしていることといえば、子どもたちに近づいたり離れたりしながら、子どもたちをひたすら見ることである。このときの大槻の教授行為は、「ひとりひとりの子どもがその教材解釈から、自分で表現のイメージを生み出す」のを待っているように思われる。それは「子どもに委ねる」時間でもある。そしてこのような仕方が表現づくりの「手順方法」であり、その遂行は教師の責任なのである。

それでいて、「ひとりひとりの子ども」は、「ひとりひとり」でそこにいるのではない。大槻は子どもに委ねつつ、子どもの中から価値ある表現を見つけると、直ちにそれを子どもたちに見せ合うように指示する。子どもたちがお互いを見合うとき、子どもたちは自分と他者との間で共通に認識し得る形を獲得する。このとき子どもたちは、互いに見合うことを通して、「ひとりひとり」が互いに与り合う関係になる。

オペレッタを表現する授業の場は、互いに与り合い、自分が持っていないものを持つ場になり、子どもたちは共同体の一員であると同時に、共同体として存在することが可能になる。子どもたちは、「ひとりひとり」で「そこにい」ながら、互いを見合うこと、共に探求することを通して個別の存在であることをやめ、人間が人間であることの共同を生きるようになる。このような意味において、大槻は、子ども「ひとりひとり」から生まれるものを大事にしながら、生まれたものを決して「ひとり」にさせないのである。

2. 再び教材解釈について

子どもたちが共同体の一員であると同時に、共同体として存在することが可能になるのは、大槻の教授行為が子ども同士をあるいは教師と子どもをそのように結びつけるからである。しかし、これはその場に共にいる人間同士のいわば水平の共同体でのことである。共同体の一員であると同時に共同体として存在するということの内実には、もう一つの「共同体」が考えられなければならない。それは、王様、町人たち、大臣たち、人のよい役人、つまりオペレッタ「はだかの王様」の世界を生きる人物たちである。もう一つの共同体は、これらの人物たちとの間で生まれる共同体、作品の世界に生きる人と作品を表現する子どもたちとでつくる共同体である。

このような共同体を成立させるのは、教師の教材解釈である。

大槻先生は、「こいつはどうもへんだぞ」という歌詞を楽しそうに明るく歌う子どもたちを制止した。それは、先述したように、「へんだぞ」という言葉は、考えていることを示す言葉だからであった。その後、大槻は子どもたちに「考えてごらん」、「平気な顔してちゃだめだよ」と、強く迫っていった。しかし、何を考えればいいのか、この歌詞に基づいて子どもたちが考えなければならない内容は一体何だったのか。「平気な顔してちゃだめ」な理由は、一体何だったのか。

この歌詞を含む歌は、人のよい役人が、ばか者には見えない布の出来具合を確認させるために遣わされたときに歌うものである。

ややや、これはどうしたことだ。／あの大臣さまに見えたというに、
わしの目には、何もうつらぬ。／こいつはどうもへんだぞ。
あのはたには、なにもない。からっぽだ。

「ややや、これはどうしたことだ」という歌い出しは、意外な事態が役人に発生したことを示している。彼にとって意外だったのは、「あの大臣さまに見えたという」のに、自分には布が見えないことである。大臣に見えたという「事実」があるなら、自分にも布は見えなければならない。ところが、布は見えなかった。

役人には、自分に布が見えないことがわかっている。それでいて、自分には布が見えないとは認められない理由がある。もし、布が見えなかったと報告すれば、自分は大臣と違ってばか者であると王様に自ら告白することになってしまう。しかも、王様は布を注文す

るときに、「それさえあれば、だれがばか者か、すぐに分かるというわけじゃな」と言っていた。「見えなかった」と報告すれば、自分は直ちにばか者の烙印を押され、もしかしたら、それを理由にくびになるかもしれない。

「わしの目には、何もうつらぬ。こいつはどうもへんだぞ。あのはたには、なにもない。からっぽだ」という歌詞を歌いながら役人が考えたのは、例えば自分の視力が衰えた可能性とか、本当は布など織られてはないのではないかという見えない原因そのものへの疑いではない。「こいつはどうもへんだぞ」という歌詞で役人に問題になっていたのは、自分の人間としての尊厳や社会的地位、今後の生活のことだったのではないか。そしてそのように考えるのが、人間の自然ではないだろうか。

このように考えると、「平気な顔してちゃだめだよ」と、大槻が子どもたちに言った理由が明らかになる。自分にとって深刻な問題を考えるときに、人間がどのような表情になるかを想像すれば、少なくとも平気な顔ではいられないはずだからである。

そして、平気な顔をしていてはいけない理由をこのように考えると、その後になぜ、「これはだれにも知られてはならん」というせりふが続くのかという問いにも整合性がつく。人間には、人からばか者だと言われたくない、自分の仕事を失いたくないという社会的欲望があるからである。

「こいつはどうもへんだぞ」という歌詞は、登場人物としての役人の言葉で、作品の文脈や状況、作品の中の人間関係などに埋め込まれている。しかも、人物も状況も架空である。しかしこの言葉から、人間一般の性質、人間なら誰もがもつ欲望を抽出すると、この歌詞にはガダマーがいう人間の本質が潜んでいるということは明らかである。抽出するということは、例えば役人の性別や年齢や性格、立場などを一旦捨象することである。ガダマーがいう本質は、様々な偶然性を取り除かれたときに初めて作品の中から顕れる。

人間の本質を内に含んでいる作品の世界は、私たちの現実世界と対照をなす[123]。現実世界は様々な性質をもった可能性に満ちていて、どの可能性にも期待をもつことができるけれども、それでいてどの可能性が成就するのか予め決められないために、未来がどうなるかがわからない状態におかれている。つまり、私たちの現実は、様々な偶然に開かれてしまっているのである。それに対し、演じられる作品という世界は完結していて、作品を演技するということは「つねに約束の履行であり、純粋なる成就であり、それ自身のうちにテロス（目的）をもつエネルゲイア」としてある[123]。したがって、作品の中では世界の本質を抽象し、それを認識にもたらすことが可能になる。本質が抽象された「この世界を前にすると誰もが、〈世界はこのように存在するのだ〉と認識する」ことができる[124]。つまり、世界の本質を認識することができるようになる。

ガダマーは、このような世界の認識は、作品を演じる人間と観客と、両者に起こる認識であるという。例えば「はだかの王様」のオペレッタを演じている間、演技者は王様が自分は騙されていることに気づくという展開を望みもしないし、表現しない。そうして演技者は、「はだかの王様」を演じる努力をし、その過程で〈世界はこのように存在するのだ〉という本質を獲得し、「はだかの王様」に描かれている人間の欲望を表現する。それを観る観客もまた、王様や大臣たちが騙される筋書きに同意することがいわば約束されている。「誰ひとりとしてなにか別の未来とか別の現実に逃れ出ていこうといった動機が生じることがない」[125]。このことによって、演技者が演じる作品に没頭するのはもちろん、観客も「自分の前で表現されていることに真に全面的に参与することが可能になる」[126]。全面的に参与するとは、我を忘れて物語の世界に没頭する状態をいう。

このような状態にあるときの観客は、演じられている世界と自分自身の世界とに連続性を求められている。つまり、眼前に表現されている世界は、「自分が生きている世界、宗教的道徳的な世界の真理」であって、その中に観客は「自分自身を認識するのである」[127]。「はだかの王様」を観ている観客は、王様や大臣、役人たちに自分自身を認識する。「こいつはどうもへんだぞ」と歌う役人に、自分をみる。王様や大臣、役人の弱さをオペレッタの中に観ることは、人が自分自身の弱さを彼らにみることであり、人間が誰しももつ弱さを経験することなのである。

このように「はだかの王様」を経験しているときは、演技者も観客も、自分と王様たちとの違いを捨象している。言い換えれば、彼らと共に人間の本質を生きているのである。

大槻の表現指導は、子どもたちを王様や大臣、役人と共に世界の本質を生きることを要求しているようにみえる。子どもたちは、当然、観客ではない。むしろオペレッタの演技者として表現を指導されている。しかし、ガダマーのいう演技者になる過程としての表現の授業で、大槻は子どもたちに、虚栄心や保身のために嘘をついてしまう大臣や役人の弱さを、共に経験することを要求しているようにみえるのである。つまり、大槻は、「はだかの王様」の世界と自分自身が生きている世界との間に意味の連続性をみるよう、子どもたちに要求しているのである。

　意味の連続性をみるよう要求されているとき、子どもたちは演技者ではなく、ガダマーのいう観客を生きている。すると、このとき演技者になっているのは、子どもたちではなく大槻である。しかし、大槻はオペレッタの登場人物を演じているわけではない。自分が歌うということもしない。大槻が授業でしていることは、例えば子どもたちへの言葉がけ、例えば子どもたちに向ける視線や指示といった、一連の教授行為である。教師の教授行為は、教材解釈に裏付けられている。つまり、大槻の教授行為は〈世界はこのように存在するのだ〉という大槻の世界の認識の表現なのである。同じことだが、大槻の教授行為が表現しているものは、大槻の教材解釈である。〈世界はこのように存在するのだ〉という大槻の認識が、教授行為を媒介にして、子どもたちに「はだかの王様」の世界を共に生きさせるのである。

このように考えると、「平気な顔してちゃだめだよ」と、大槻が子どもたちに言った理由が一層明らかになる。大槻は、子どもたちに役人の弱さを共に生きるように要求しているのである。子どもたちに、王様や大臣たちと同じ共同体を生きるように要求しているのである。実際には目にすることのできない人間たちと、オペレッタを生きることで共同の世界、連続した世界を生きさせようとしているのである。

すると、「はだかの王様」の最後の場面の演出で大槻が表現したかったこともまた、一層明らかになる。この物語のクライマックスで、美濃保育園の演出は、「王様は、はだかだ」というせりふを二回も繰り返す。王様は、自分で自分のことを「はだかの王様だ」と言ってしまう。そして町人たちはそんな王様を見て、「はだかの王様、ばんざい」と歓声を上げる。この歓声は、町人が王様を承認したことを示している。己の弱さを率直に認める王様を、町人たちは明るく許し、そして受け入れるのである。自分の弱さを潔く認めることも、人間が自分の弱さを素直に認めたときその潔さを人間は尊敬するということも、人間の本質として大槻は解釈しているのである。

温かさ優しさと弱さをあわせもつという人間の本質を、大槻は子どもたちに経験させ、生きさせようとしている。それは、「三まいのおふだ」で小僧に向けた愛情と成長への願いとまさに同調する。

大槻は、教材解釈という営みの中で作品の中から偶然性を取り除き、まず自分自身と作品との連続性を生きて、人間の本質へと辿りつく。そしてそれを授業という場で子どもたちに向かって表現する。それは一般には教授行為と呼ばれる仕方であって、そのような表現の仕方で、子どもたちに人間の本質がみえる世界に連れていくのである。このとき、大槻と子どもたちは同じ世界を生きるもの同士になって、教える・教えられるという関係は止揚される。大槻の言葉を使えば、教師と子どもとは「互いに燃焼し合う」。

表現は子どもと教師が、心と体で文化（教材）と出会う出会いの場であると共に互いに燃焼し合いながら、教材（文化）の世界に自分を溶け込ませてゆく場でもある。こうした体を使っての追求体験を経ることによって、より知的な子どもに変わると共に、創造性豊かな人間に変わってゆくのではないだろうか[128]。

3. 音楽表現における解放とは何か

ここまで考察してきたようなオペレッタの表現指導での教授行為が可能なのは、大槻が教材解釈という仕事を通して自ら美的生成を生き、その生成によって獲得したものを授業で教授行為という形で表現しているからであった。教授行為が目指す相手は、子どもである。教授行為を通して、大槻は表現の努力を子どもたちに要請する。その要請に子どもたちが応える。このような関係が、大槻と子どもたちの間に成立している。この関係は、教師が子どもに一方的に教え込むという関係ではない。教師が要請しそれに子どもが応えるという関係は、大槻の言葉でいえば教師と子どもとが互いに燃焼し合う関係であり、共に教材の世界に自分を溶け込ませてゆく共同作業の基盤であり、ガダマーがいう意味における演技者と観客の関係である。

しかしもう一つ、授業という場で大槻と美濃保育園の子どもたちとの間にこのような関係が成立するのは、オペレッタの授業より先に、表現の基礎である基本リズムによって子どもたちが解放されていたからといっていいだろう。繰り返しになるが、基本リズムは、呼吸、リズム、イメージ、対応、構成といった内容をもっていた。深い呼吸は、リズムそのものであって、子どもの身体を暖め、解放する。リズムは、子どもの生命運動として生気ある振動を子どもの身体に生じさせ、意識の抑制を外し、身体を解放する。意識の抑制を外したとき、子どもの身体を動かすのは恣意ではなく感動である。感動はイメージ・タンクとしての子どもの身体の中に予めあり、自分の身体の中にあるイメージに動かされるとき、子どもは解放される。対応や構成は、解放された子ども同士をつなぐ仕事であった。これらの内容に通底する鍵概念は、解放である。

このように、音楽表現の授業の基礎は、解放された子どもの身体である。一方で大槻は、一章でも引用した文の中で、解放について次のように述べている。

子どもが表現を自己表現にまで高めるためには、こうした柔軟でしかも強靱な基礎があってこそ、子どもは表現の中で、自由と解放を手に入れることができるのではないだろうか。解放とは子どもにとって新鮮な世界への飛躍を意味することを、私は斎藤先生から学んだ[129]。

この記述では、解放は、「柔軟でしかも強靱な」基礎の上に自由と共に表現教育の中で手に入れるもの、つまり音楽表現教育が高まった到達において得られるものだといっている。しかし先述したように、解放は基本リズムの指導において、通底するものとして子どもに何より先に得させなければならないものでもある。すると、表現における子どもの解放は、基礎であり到達点でもあるという矛盾した事態になってしまう。

解放にまつわる一見矛盾した大槻の言葉を、どのようにとらえればいいのだろうか。音楽表現における子どもの解放とは一体何を意味しているのだろうか。大槻は、解放についてどのような考えをもっているのだろうか。

大槻は、斎藤喜博が「表現は人間を解放する」といっていたと、折に触れ述懐している。そして、ステップ表現にこだわってきたのも、身体表現が人間解放の一つの仕方だと考えたからであって、そのことを大槻は斎藤から教えられている[130]。大槻の表現と解放に関する考えが斎藤から影響を受けていることは明らかであろう。

では、斎藤は、「表現は人間を解放する」という言葉をどのような意味でいうのだろうか。斎藤は、「表現は人間を解放する」という言葉を章と項の両方の題目にして、表現について論じている。その冒頭の記述は次のように記されている[131]。

妙義基地反対闘争をした恩賀部落の人びとは、闘争することによって頭がよくなったといわれる。これは、恩賀部落の人びとが「自分たちの土地をアメリカの基地になど渡すものか」という、自分たちの願いや怒りを、反対運動という形で、自分を表現することによって自分を解放したからである。人間は誰でも、解放され、自由になり明るくなったとき、頭がよくなり創造的になるのである。

斎藤は、恩賀部落の人びとの「頭がよくなり創造的にな」った証拠を、彼らが書いた文集に読み取っている。表現によって頭がよくなったことは斎藤の印象や個人的な願いなどではなく、実際にそうなっている、そのことが文章表現に表れているという。斎藤は、このような人間の変化は表現によって可能になり、それが表現の意義であると強調する。「どこまでも大事なことは、私たちが自分や社会の現実を表現し、そのことによって、自分や自分たちを解放するということ」なのである[132]。

このような解放が人間にとって大事なのは、解放された人間がもつ力が社会変革にとって必要な力だからである。斎藤にとって社会は変革すべき対象で、とりわけ封建的な社会の風習に対抗することは、重要な時代的課題だった。抑圧を跳ね除け、不自由を克服する、それを可能にする力を得るために人間には解放が必要で、表現することによって解放されることが重要だったのである。

斎藤は、「まず自分を表現し、自分を解放し、おたがいの結びつきを本物にしていくということにこそ、今の今としての大事な意義がある」という[133]。芸術の表現の根本も同じである。芸術の根本は、「大人も子どもも誰もが、自分の意志や感動を、ためらわずに、のびのびと、大胆率直に表現するということ」である[134]。

このように斎藤は、まず自分を表現すべきだ、自分の意志や感動を表現すべきだという。しかし、表現すべき自分とは、一体何なのだろうか。恩賀部落の人びとの表現の場合は、怒りも願いも何に対するものであるかが明瞭だった。しかし日常生活では、「自分を表現しなさい」と要求されても、何をどうすればいいのかわからず、ただ戸惑ってしまうのが私たちの実際ではないだろうか。日常の私たちにとって、表現したい自分や自分の意志の内容は、不明瞭な状態にあるのではないだろうか。

ここで表現にまつわる背反が明らかになる。表現は人間を解放する、解放するために自分の意志や感動を表現することが重要だ、表現するためには自分の意志や感動は表現するより先に明らかでなければならない。このように考えると、自分や自分の意志など問題にしなくてすむ日常生活を送る人間には、表現はできないということになる。つまり、表現は自分の意志や感動が明らかである場合にのみ可能な、限定的な行為になってしまう。

そうではなく、すべての子どもに表現が可能であるとするなら、そしてすべての子どもに表現と解放を実現させようとするならば、教師の仕事として自分の意志や感動、自分が何者であるかということを子どもに発見させることが、教師の仕事にならなければならない。斎藤は、「今まで表現をおさえられていたものにとっては、自分がつかまえたものが何であるかということをはっきりさせることが大へんである」ことを理解していた。したがって、「表現以前の問題として、自分や社会の中にあるたしかなものを発見するということが、一つの仕事とならなければならない」のである[135]。

斎藤がいう「自分や社会の中にあるたしかなもの」は、前述した竹内がいう「自分の中に動いているもの」と同じかもしれない。竹内もまた、自分の中に動いているものに気づいていることが表現の出発点だと考える。すると表現を教育するときの課題は、「自分や社会の中にあるたしかなもの」や「自分の中に動いているもの」を子どもに発見させることだということになる。

しかし、ここでいう表現以前の問題は、問題を問題として発見すること自体が難しい。

大野（2003）は、保育園で五歳児のクラスを担任したある年に、大槻の指導を受けたときの自分の心の動きを述懐している。この年の五歳児は評判が悪く、集中にかけ理解力に欠け、何をやるにも時間がかかり、歌っても声がでない。そんな子どもたちを何とかしたいと、大野先生は懸命に努力した。しかし、子どもたちの反応は悪い。大野先生は、今まで自分がやってきたことは、子どものペースではなく、私の勝手なペースだったのかもしれないということに気がついた。その気づきを得て、大野先生は運動会を目標にクラスの問題を乗り越えようとした。そして、それはうまくいった。問題を乗り切ったと安堵していたときに、大野先生は大槻の指導を受けた。大槻は、大野先生のクラスをみて、「子どもたちにも先生にも固いカラがある」、「特に男の子はカラが固いね。生意気さが自分をこわしているね」と言ったという。自分も子どもたちも少しずつ成長していると思っていた矢先にこう言われ、大野先生はショックを受けたという。そして、どうしたらいいのだろうと考え込んでしまった。そのとき、大槻先生は突然子どもたちに「側転をやってみよう」と言葉がけをした。子どもたちは、大喜びした。「その喜びように私は驚きました」と大野先生は振り返る。それから、子どもたちの歌声の伸びはよくなり、子どもたちは変化していったという[136]。

毎日子どもたちと顔を合わせている担任の教師・保育士は、子どものことを理解しようと努力し、大野先生がそうであったように、その努力の過程で自分自身を振り返る。そして、何とか成長の証を取り出したいと懸命に願う。しかし、それだけでは子どもが自分自身を壊してしまう「カラ」を破ることはできない。大槻はそのことを見抜いた。そして直ちに手立てを打ち、子どもを解放する糸口をつかんでしまったのである。

ここで大槻がいう「カラ」こそが、表現以前の問題としてまず教師に立ちはだかるものではないだろうか。教師の解放の仕事は、自分自身をこわす「カラ」を子どもから取り除くことである。それは、「自分や社会の中にあるたしかなもの」や「自分の中に動いているもの」を子どもに発見させるといったことに先んじていなければならないだろう。

すると、解放の仕事には、内容的に質の違いが認められることになる。このような質の違い、解放の内容の違いをどのようにとらえればいいのだろうか。子どもにある「カラ」を破り、自分の中に動いているものを子どもに発見させるという仕事を遂行するために、教師は何をすればいいのだろう。大槻はこの仕事をどのように実現させているのだろう。

大槻は、解放について次のように述べる。

私は最近表現について次のように考えるようになった。表現によって子どもが解放され光彩を放つとき三つの条件があるように思えてならない（これはあくまで仮定ではあるが）

①創造力（イメージ）をかきたてられたとき

②自分の体を自由に駆使できたとき

③それが集団の中で生まれ、集団の中で活かされ、ひびき合ったとき

斎藤先生が境小で表現のステップを重視された意味は、表現の中に棲みこませ、自分を解放させるというためには欠かすことのできない条件としてのステップだったのだ[137]。

子どもが解放されるには三つの条件、創造力をかきたてられること、自分の体を自由に駆使できること、これらが集団の中で生まれ、集団の中で活かされ、ひびき合うことが必要だと大槻は仮定する。「人間の身体は本来自分の意志で自由に駆使できるもの」だと斎藤はいう。ところが「次第に型にはめられて自由さを失っている」のが子どもたちの現状であり、この状態から子どもたちを解かなければならないというのが斎藤の解放の考えである[138]。大槻は「斎藤先生は子どもに心と体の自由さを表現によってとりもどし、可能性を引き出そうと願ったのだと思う」といっている[139]。そしてステップは、これらの三つの条件を成立させるための前段階に必要な条件だった。

しかし、解放に関する大槻の考えは、次第に変化しているようにみえる。

一つひとつのステップに、このような願いを込めて指導したとき、子どもは自分の体が解きほぐされていく快感に、あらためて、自分の体の可能性を発見していこうと

する積極性が生まれる。こうした自分の体への自覚は、作品と対面しながらの表現活動によって更に高められ、教師と子どもとで創り出す表現から、子どもと教師で創り出す表現へと移行していくように思われる[140]。

この記述において大槻は、ステップの指導で子どもは自分の身体が解きほぐされる快感を味わうと、即ち、ステップの指導で子どもは解放されるといっている。それは自分の身体の可能性の発見へと展開する。ステップは解放のための条件ではなく、ステップそのものが解放になった。ステップで得られた解放は自分の身体への自覚になり、その解放と自分の身体への自覚は次へ高まるための条件になる。

次へ高まる段階は、作品と対面しながらの表現活動である。作品と対面するということは、作品の世界を生きることであり、作品の世界を生きることとは、大槻の言葉でいえば、作品の世界に自分を溶け込ませることだった。そして、作品の世界に自分を溶け込ませるというときの「自分」は、子どもではなく教師と子ども両方を指している。ここにも段階がある。教師と子ども両方が作品に溶け込もうとするとき、まずは「教師と子どもとで創り出す表現」をする。この表現が高まると、表現は「子どもと教師で創り出す表現」になっていく。

以上のように躍動感と、しなやかさを持った体づくりの原則を学ぶことによって、子どもの心身を解放し、自分の体を自由に駆使する自分を発見する。そうなった子どもは、自分発見の中から生まれる、創造的な自己表現を創り出す喜びを満喫する。このようになったとき、また新たな解放が生まれる。解放にも順次性と発展性があるのではないだろうか[141]。

このように、大槻の表現指導に関する思索、とりわけ解放に関する思索は、次第に段階を認めるようになっていく。基本リズム、ステップ表現での子どもの身体の解放は、作品と対面する表現活動での解放を導き生み出すための基礎になる。作品の表現活動では身体の解放を確かなものにしながら、子どもの内面を解放する。

次の言葉は、ある実践者の音楽表現のビデオ記録を授業研究会で見たときの大槻の感想の一部である。

子どもたちは体を使うことによって、解釈も深まって表現が自分のものになったと言ったそうだが、まさに解放されていく子どもの言葉であると思う。表現とはこのように、自分自身の内面を開拓しながら発見し創り出していく知的な活動であるとともに、その結果は又意欲的な学習活動へと還元されていくようにも考えられる[142]。

解放は、子どもが自分の身体の可能性を発見する事態として始まる。そして次に、身体の可能性の追究を基礎にして、「他者」と世界を共に生きることを通して自分の内面の発見に向かう。やがて、身体の解放と内面の解放は一体となって展開する。

内面の発見と解放には、対峙する「他者」が必要である。人間は、自分一人だけで自我になることはできず、「私」が何者であるかを明らかにするためには、「私」以外の「他者」が必要だからである。「私」と同等の別の「私」、自分と対峙する対話者たちとの関係において、「私」は「私」という自我を発見することができる[143]。

「他者」を自分以外の生身の人間と解することは、もちろん可能である。子どもは、教師や他の子どもたちという生身の人間との関係でも、他者を経験し自分を発見することはできる。しかしここでいう「他者」は、例えば「三枚のおふだ」の小僧、「はだかの王様」の王様や大臣たちといった人々をも指している。作品の中の「他者」は、人間の本質として独特の仕方で子どもたちに顕れる。作品の世界に自分を溶け込ませることは、こうした「他者」たちと出会うために必要なのである。子どもたちは、教師の教材解釈を通して自分の解釈に気づき、表現を通して自分の解釈を深めたとき、作品の中の「他者」たちと「出会い」、そして「出会った他者」の中に自分をみる。山の中で道に迷い困る小僧に、見えない布を「見える」と言う大臣に、自分を発見する。しかも、作品の中で出会う「他者」は多くの場合一人ではない。子どもたちは、「彼ら」との出会いと対峙を通して自分の在りようや考えを次々に明らかにする。こうして子どもたちは、大槻がいう「自分自身の内面を開拓」するのである。

解放された身体で深い教材解釈に踏み入れたとき、教師も子どもも音楽表現の世界で「他者」と出会い、「他者」に自分を発見する。そして「他者」と表現を通して対話し、発見した自分を拓いていく。こうして音楽表現の授業は、子どもが変容する場になり、自分を生成する場になり、人間の本質に与ることで個別を超え、互いに共同体を生き、共同体として生きる場になる。そして、授業をこのような場として生きるとき、子どもたちは目的外の喜びに到達する。

以上のように躍動感と、しなやかさを持った体づくりの原則を学ぶことによって、子どもの心身を解放し、自分の体を自由に駆使する自分を発見する。そうなった子どもは、自己発見の中から生まれる、創造的な自己表現を創り出す喜びを満喫する[144]。

子どもはステップ表現でまず身体を解放し、次に作品との出合いと対峙で内面を解放し、最後は解放された自己自身を展開する。音楽表現における解放は、初めでもあり到達点でもある。解放は、順次性と段階性をもった教師の仕事であり、子どもにとっては身体の中で深化し発展していく事態なのである。
大槻は、斎藤喜博から教えられた解放の思想を、音楽表現の授業の場で子どもと共に具体的に練り上げ、教育実践の思想と事実として形作った。心身を解放し、自己発見を経験した子どもは、「自己発見の中から生まれる、創造的な自己表現を創り出す喜び創造的に展開」し、自己を表現する。表現は子どもにとって自己表現を創り出す喜びになり、子どもたちはその喜びを満喫する。

最後に、五歳児のオペレッタの授業記録の一部を取り上げたい。大槻はここで、「一番大事なこと」を子どもたちに語りかけている。

ピアノが終わりを知らせる後奏を鳴らし始めた。高潮させるような激しく大きな音が、子どもたちの身体を埋めるように響く。次の瞬間、子どもたちはポーズを崩し、まるでピアノの激しさに身体を載せるように、素早く動き出す。ピアノが、テンポを重々しく落としていく。子どもたちは「自分の場所」で身体を低く伏せて、ゆっくりと回りながら、最後のピアノの音で一気に上へ伸び、それぞれ自分のポーズを決めた。立っている子もいれば、座って立てひざの子もいる。両手を上げている子もいれば、片手を上に、もう一方の手は下にしている子もいる。すっと手を伸ばしている子もいれば、つかみかかるような手をしている子もいる。

ピアノの音が消えても、大槻先生は、「見せてよ」と子どもたちに呼びかけ、全員を見つめている。立ち上がって、「うわあ、きれいだねえ。本当にきれいだ」と子どもたちに呼びかける。「すごいねえ」、「とてもいい」。子どもたちはここでようやくポーズを解いた。

大槻先生は立ったまま、子どもたちに話し始めた。「あのね、これを見ていて、一番大事なことを先生は勉強したよ。それはね、表現というのは楽しむことなんだよ。この子たちはみんな楽しんでる。楽しまない表現なんて、意味ないわけだから。非常に楽しんでる。自分の好きなように自分を表現している、それが楽しいことでしょう。とても上手でした[145]。

引用文献

Gadamer, H-G.（1986）"Wahrheit und Methode" J.C.B.Mohr（Paul Siebeck）Tübingen

轡田収／麻生建／三島憲一／北川東子／我田広之／大石紀一郎訳（1986）『真理と方法Ⅰ』法政大学出版局

藤岡喜愛（1974）『イメージと人間　精神人類学の視野』日本放送出版協会

石川毅（1985）「第Ⅲ部　芸術教育学」武藤三千夫・石川毅・増成隆士著『美学／芸術教育学』勁草書房 pp. 165-244

（1992）『芸術教育学への道』勁草書房

梶山正人（1989）『オペレッタ曲集　子どものためのオペレッタⅠ』一莖書房　pp.36-38

小池順子（2004）「音楽の技術指導において教師が用いる比喩表現」『埼玉大学教育学部付属教育実践総合センター紀要』第3号 pp.179-189　（八木正一との共著）

（2012a）「大槻志津江先生の仕事①——美濃保育園・四歳児・大西智恵美「はだかの王様」の手入れ——」『事実と創造』２０１２年９月号第376号　pp.2-8

（2012b）「大槻志津江先生の仕事②——美濃保育園・四歳児・大西智恵美「はだかの王様」の手入れ——」『事実と創造』２０１２年10月号第377号　一莖書房 pp.9-22

（2013）「大槻志津江先生の仕事③——美濃保育園・五歳児・永田美和「瓜コ姫コとアマンジャク」の手入れ——」『事実と創造』２０１３年４月号第383号　一莖書房 pp.14-32

（2015）「大槻志津江先生の仕事①」『事実と創造』２０１５年２月　第405号　一莖書房 pp.10-17

（2016）「音楽における表現という問題——美学と音楽美学の表現概念の変遷を手がかりに—

―』『千葉経済論叢』第54号 pp.1-19

近藤幹雄（1974a）「演奏解釈と教材解釈」『斎藤喜博の個人雑誌　開く』第8集 明治図書 pp.39-56

（1974b）「表現ということ――音楽指導内容論への試み――」『教授学研究４』国土社 pp.24-53

クラーゲス.L. 杉浦実訳（1971）『リズムの本質』みすず書房

美濃保育園（2008）『DVD 美濃保育園の歌とオペレッタ』一莖書房

中沢和子（1979）『イメージの誕生』日本放送出版協会

西林克彦（1997）『「わかる」のしくみ「わかったつもり」からの脱出』新曜社

大野ルミ子（2003）「オペレッタ『火ぃ火ぃたもれ』の表現創りから私の学んだこと」『事実と創造』２００３年６月 第265号 一莖書房 pp.26-27

大槻志津江（1978）「恥をかくということ」『斎藤喜博の個人雑誌 開く』第21集 明治図書 pp.99-104

（1984a）「身体表現における発問と指示」『表現をひらく発問と指示』国土社 pp.106-143

（1984b）「授業――組織学習のひとつの試み」『第Ⅱ期教授学研究４　授業創造をめぐる実践と研究』国土社 pp.96-119

（1984c）「表現によせて」『事実と創造』１９８４年12月 第43号 一莖書房 pp.26-28

（1985）「忘れ得ぬ子らのこと」『事実と創造』１９８５年６月 第49号 一莖書房 pp.27-32

（1986）「『表現』の基礎としてのステップ」『事実と創造』１９８６年３月 第58号 一莖書房 pp.19-26

（1990）「境小でみた子どもの美しさ」「『事実と創造』１９９０年１月 第104号 一莖書房 pp.18-22

（1996）「プロメティウスの火——磯前さんの実践から——」『事実と創造』１９９６年６月第181号 一莖書房 pp.17-18
（2000）「表現「かにむかし」を試みて」『事実と創造』２０００年６月第229号 一莖書房 pp.10-18
（2006）「今、表現について考えること②——秋田大附属小での表現を軸とした五年間の歩みの中から」『事実と創造』２００６年12月 第307号 一莖書房 pp.24-27
（2007）「今、表現について考えること③——秋田附属小での表現を軸とした五年間の歩みの中から」『事実と創造』２００７年２月 第309号 一莖書房 pp.12-28
斎藤喜博 （1971）「授業入門」『斎藤喜博全集第４巻』国土社 pp.5-266
（1970）「教育学のすすめ」『斎藤喜博全集第６巻』国土社 pp.237-509
（1971）「表現と人生」『斎藤喜博全集第15巻１』国土社 pp.9-251
サン＝テグジュペリ 堀口大學訳 （1955）『人間の土地』新潮社
佐野貴志子 （2005）「内面を引き出す指導 リズム表現『ガボット』４年」『事実と創造』2005年４月 第287号 一莖書房 pp.24-28
関村誠 （1997）『像とミーメーシス』勁草書房
竹内敏晴 （1999）『教師のためのからだとことば考』筑摩書房
Taylor,C. （1986）“Sources of the Self” Harvard University Press, 下川潔・桜井徹・田中智彦訳 （2010）『自我の源泉』名古屋大学出版会
ヴァン・デン・ベルク （1976）早坂泰次郎・田中一彦訳『人間ひとりひとり——精神病理学的現象学入門』現代社

楽　譜

梶山正人（1989）「三まいのおふだ」『子どものためのオペレッタⅠ』一莖書房　pp.22-42
（1989）「はだかの王様」『子どものためのオペレッタⅡ』一莖書房　pp.2-23

資　料

厚生労働省「保育所保育指針」（平成29年告示）
文部科学省「幼稚園教育要領」（平成29年告示）
文部科学省「小学校学習指導要領」（平成29年告示）

辞書・事典

淺香淳編（1966）『新訂標準音楽辞典』音楽之友社
北原保雄編（2009）『明鏡国語辞典第二版』大修館書店
日本教育方法学会編（2004）『現代教育方法事典』図書文化社
日本教材学会編（2013）『教材事典』東京堂出版
松村明編（1989）『大辞林』三省堂

注

1　文部科学省「幼稚園教育要領」（平成29年告示）と厚生労働省「保育所保育指針」（平成29年告示）は共に、「ねらいと内容」という章において領域「表現」を設けている。音楽に関する項は「音楽に親しみ，歌を歌ったり，簡単なリズム楽器を使ったりなどする楽しさを味わう」と記述されている。

2　この文言は、文部科学省「小学校学習指導要領」（平成29年告示）を参考にしている。正確には、この文言は「教科の目標」の⑶に記されている。⑶項の全文は「音楽活動の楽しさを体験することを通して、音楽を愛好する心情と音楽に対する感性を育むとともに、音楽に親しむ態度を養い、豊かな情操を培う」となっている。

3　石川は、具体的にはいわゆる美術教育、図画工作教育を巡って、本稿でとり上げた論考を展開している。石川によれば、美術教育において問題的なのは、まずは名称であるという。芸術、美術、造形、これらの語源のart という言葉が、我々の日常生活であまりに様々に使われているために言葉の意味が曖昧にされ、そのことが「美術教育」という言葉の意味を狭めてしまっているという。石川は、「いま必要なことは、おそらく、芸術と呼ばれるものの世界を限りなく広げることだと思う」と述べている（cf. 石川 1992：pp.1-12）。同様の問題は、音楽教育にも相当するのではないだろうか。

4　cf. 石川（1985）p.166

5　石川　同前書　p.166

6　cf. 石川　同前書　pp.166-167

7　cf. 石川　同前書　p.167

8　以後の考察におけるサン＝テグジュペリの引用は、堀口大學訳『人間の土地』（新潮文庫）によっている。引用個所は石川に従っているが、翻訳は石川と異なっている。石川がどの版ないし翻訳をつかったのかは、明記されていない。また石川は、人間の生成を論じるのに、本稿で引用した園丁の他、飛行家としてのサン＝テグジュペリ自身と画家ドラクロワをとり上げている（cf. 石川 1985：pp.175-176）。

9　サン＝テグジュペリ（1955）p.64

10　サン＝テグジュペリ　同前書　p.65

11　石川（1985）p.176

12　石川　同前書　pp.174-175

13　同前

14　cf. 石川（1992）p.33

15　石川　同前書　p.34

16　同前

17　同前

18　同前

19　石川（1992）p.35

20　同前

21　石川　同前書 p.36

22　同前

23　同前

24　石川　同前書 p.32

25　人間が人間に与るという共同体の根源的な共属関係は、授業という人為的な営みを実践しようとするときに切り離されることが可能である。音楽教育を実践する授業において人間の生成ができないとき、その責を負うのは、子どもではなく教師だといわねばならない。

26　大槻（1978）p.101

27　大槻（1985）p.28

28　石川（1992）p.33

29　同前

30　大槻（2007）p.26

31　大槻（1986）p.21

32　ステップは、斎藤喜博が「表現の基本」として学校現場に取り入れ、まとめたものだと大槻はいう。大槻の記録によれば、斎藤は三十種類ものステップを持ってきた（cf. 大槻 1990p.21）。斎藤が持ってきたステップを、その後実践を通して大槻が表にまとめた一覧が「身体表現における発問と指示」（大槻 1984 pp.126-134）に掲載されている。その一覧では、小学一年生から六年生まで各学年でどのステップを学ばせるかが体系的に整理されている。また、表には各ステップの動きが図示されていると共に、どのようなことば言葉がけが子どものイメージに働きかけるか、指導言の例も示されている。大槻（2006）の論文にも、ステップの体系が簡易に整理された記述が掲載されている。

33　大槻（1990）p.21

34　大槻（2000）pp.13-14

35　大槻（2006）p.26

36 同前

37 「小学校学習指導要領音楽編」では、音楽を形づくっている要素の一つとしてリズムの説明が記載されている。それによるとリズムは「音楽の時間的まとまりをつくったり、音楽の時間を刻んだりするものである」。このような内容でリズムをとらえると、辞書的な意味ではできないのと同様、大槻のいうリズムを理解することはやはり困難である。

38 大槻　前掲論文 pp.26-27

39 小池・八木（2004）参照

40 大槻（2006）p.27

41 リズムは、概念が一定ではない。運動と時間と空間に関係することは確かだが、それらがどのような関係にあるのかは時代や民族や個人の見解よって千差万別であるという。音楽的リズムに限っても、古くから近代・現代にいたって対立的な見解、誤った見解などが見られ、これを正当に定義づけるのは至難であるという。

クラーゲスは、霊魂（Seele）と精神（Geist）を対立的にみて、リズムを魂に、タクトを精神に対応させている。リズムは生命が生きる原理としての霊魂に対応し、自由で生きたもの、タクトは概念的で人工的原理をもつゆえに精神に対応する。このようなリズムの思想を音楽とは関係ない考え方として排除するむきもあるが、野村良雄は、やや極端であるけれども根本的真理を含んでいるという（参照：浅香淳編 1966『新訂標準音楽辞典』音楽之友社「リズム」の項）

42 クラーゲス（1971）p.9

43 cf. クラーゲス　同前書 p.14

44 もしリズムと拍子が同じものだとしたら、「肩がこるほど正確にメトロノームにしたがって演奏する初心者の方が、メトロノームどおりに正確にはけっして演奏しない専門家よりも、詩句を韻律にしたがって朗読する子供の方が、韻律どおりにはけっして読まない朗詠家よりも、また、分列行進の方が、ひじょうに優美なメヌエットよりも、リズムの完全性の点において優ることになる」（クラーゲス 1971：p.23)。
45 クラーゲス　同前書 pp.21-22
46 クラーゲス　同前書 p.64
47 クラーゲス　同前書 p.65
48 大槻（2006）p.25
49 同前
50 同前
51 同前
52 同前
53 cf. クラーゲス　同前書 p.103
54 同前
55 同前
56 cf. クラーゲス　同前書 p.103
57 この部分をクラーゲスは「精神をして生命の脈動を狭めせしめている」と表現する。クラーゲスの思索では、精神は生命の対概念として用いられ、意識の働き、悟性の働きといった内容をもつ（クラーゲス 1971：pp.103-104)。
58 子どもの年齢が抑制の一つに挙げられることに違和感を覚えるのは、日常的な感覚であると思われる。しかし他方で私たちは、子どもや幼児の優れた演技などを見てそれを評価するときに、「○歳児の動きとは思えない」とか「こんなに幼いのに素晴らしい」といった言い方をすることがある。このような言葉を使うとき、私たちは見る者として、クラーゲスのいう抑制を脱しているのではないだろうか。かつ、「○歳児だから」とか「幼いから」といった見方で、子どもの生命を抑制していたことを知らずに「告白」しているのではないだろうか。

59 クラーゲス（1971）p.101

60 大槻（1984a）pp.114-115

61 藤岡（1974）p.65

62 cf. 藤岡　同前書 pp.64-65

63 藤岡　同前書 p.65

64 大槻（1984a）p.117

65 大槻（1984c）p.27

66 竹内（1999）pp.33-35　但し、カッコ内は筆者補足

67 竹内　同前書 p.33

68 竹内　同前書 p.35

69 同前

70 竹内は、「ことば」は内から発して他者に向かう「行動」なのだという。ここで竹内が歌詞も言葉であり、「ことば」としての働きが回復されねばならない。歌詞が「ことば」として「行動」を回復したとき、歌は生きた主体＝人間の「表現」になる（cf. 竹内 1999 ： pp.35-36）。

71 「知っている」けれど「わかっていない」という状態は、西林（1997）がいう「わかったつもり」の

状態と同じである。西林は、なぜ「わかったつもり」になれるか、「わかったつもり」と「わかった」状態の違いは何かといった問いを明らかにしながら、文章理解の領域で「わかったつもり」の状態を考察している。西林によれば、「わかったつもり」の状態の問題は、当人が「わからない」とは思っていないから安定していて、探索や情報収集の必要性を感じないことにある。このことで、認識の順調な進展は阻害されてしまう（cf. 西林 1997：pp.2-38)。

72 芸術教育においても、安定した状態は問題である。斎藤喜博は、授業の中で前に一度やったことを繰り返すと、「こういうことを、このようにやらせれば、こうなる」と予想ができ、教師にも子どもにも安心感ができてしまう。斎藤は、このような安心していられる作業の中からは厳しい発見や厳しい授業は生まれないという。だから、芸術教育においては、同じことを二度と繰り返してはいけない（cf. 斎藤 1969：pp.153-154)。第四章の授業記録中で、大槻が同じ理由によって若い保育士を叱責する場面がある。

73 大槻志津江（1986）p.22

74 組織学習については、斎藤（1970：pp.201-211）を参照のこと。

75 大槻（1984）p.103

76 cf. 大槻（1986）pp.19-24

77 大槻　同前論文 p.23

78 cf. 大槻（1984a）pp.134-143

79 大槻　同前論文 p.141

近藤（1974a）は、教師が行う教材解釈と指揮者が行う演奏解釈との間に強い類似性が認められるという。これらを遂行するために教師ないし指揮者に必要な能力を三つ挙げている。一つは、楽譜あるいは資料を正確に読み取る知的能力、二つめは、楽譜あるいは資料に秘められた意味を、把握する鋭敏な感覚、三つめは楽譜あるいは資料を、演奏や授業の中で具体化し、発展させる能力。「子どもをみる」力などは、ここに入る。

このような近藤の見解は、内容として間違ってはいないが、やや観念的で、授業論としては抽象的になっているように思われる。そうなってしまった原因は、演奏解釈を考察する例として近藤が取り上げている楽曲が、ベートーベンの交響曲だったりモーツァルトのピアノソナタだったりするところにあるのではないだろうか。これらの楽曲を扱うことで、解釈の観点が表情、楽譜、装飾法、音色、テンポ、強弱と、音楽学あるいは音楽学者たちの観点を踏襲することになり、音楽を音楽の要素といわれるものに分解してしまっているからである。この問題は、また別の機会に慎重に論じなければならない。

教材とは何かという問いへの答えは、教育の目的をどのように考えるかによって大きく異なる。その内容は、一八七二（明治五）年の学制以来、対立的に論じられてきた。とりわけ、一九七〇年代に展開した教材の「ある・なる」論争は、教材観の対立の新たな形であるという。一方は、教えるべき内容があり、それに基づく教材が明確に「ある」と考え、他方は、教師や生徒の解釈の過程を経て教材は教材に「なる」と考える（参照・『教材事典』「教材の歴史・概念・種類・メディア」（小笠原喜康）の項）。

音楽の授業においては、「ある・なる」の教材観は、右の論争から考えたときにいくらかの違いがあるがあるように思われる。音楽の授業では、教えるべき内容が先にあり、それに基づき教材・楽曲があると考えることもできるが、教材・楽曲の方が先にあり、それを使って何を教えるかが後から探求されるという方向もある。つまり、音楽の授業づくりにおいては、「ある」の教材観の中に双方向的な関係があると思われる。しかし、大槻の教材観は、本文で論じる通り、どちらでもない。

81　原本では楽譜とせりふは別ページに掲載されているが、本書では論述の便宜上、せりふのページに歌詞を挿入・加筆している（cf. 梶山正人 1989：「子どものためのオペレッタⅠ」pp.36-38）。

82　以下は、大槻（2015）の再録である。大槻による「三まいのおふだ」の教材解釈の原稿は、少なくとも三回、出版社宛てにファクスされており、大槻はその都度、手書きで多くの箇所に修正を加えている。本原稿は、三つの大槻の原稿を照合し整理しながら著者が最終稿の形にまとめものである。この原稿には、「教材解釈オペレッタ「三まいのおふだ」２」という続きがあるが、本書では省略する。「２」は、二〇〇八年六月の大槻の解釈である。

83　このことは、「雨」と「雨だれ」という言葉が含まれた慣用句の違いをみるとわかる。例えば、「雨が降ろうが槍が降ろうが」「雨車軸の如し」という慣用句の雨は、障害や厳しい条件を隠喩する。他方、「雨垂れ石を穿つ」という慣用句の雨は、わずかでも価値あることを隠喩しているし、「雨垂れ拍子」という言葉は、雨が降るときの音だけをとり上げた慣用表現である（参照 大辞林）。

84　Gadamer (1960) S.119;p.165　引用は基本的に訳本に従っているが、本書の表記との整合性を考慮して一部変更している。

85　Gadamer a.a.O.: 同前

86　「上回るもの」と訳出されている言葉に相当する原語は、mehr である。もともとは「もの」という名詞ではない。この副詞は erkannt wird という動詞にかかる。このことから、ガダマーは認識には程度があるととらえているようにみえる（cf.Gadamer 1960：S.119, p.165）

87　a.a.O.：同前

88　Gadamer S.119f.;p.165

89 Darstellungを「表現する」とか「表現」と訳すのは、訳本に従っての選択である。ガダマーを用いて考察する部分において、本書ではDarstellungを「表現」としたい。同語については訳者によって「表出」と訳している論文等もあり、訳語が定まっていない。

90 Gadamer（1960）vgl.S.110ff.:cf.pp.150-155

91 コラー（Koller,v.H.）がミーメーシスに関して文献学的研究を行い、ミメーシスの根源的意味を明らかにした。ガダマーもコラーの成果を参照している（cf. 関村 1997：pp.1-4）。

92 Gadamer S.118：p.163

93 Gadamer) a.a.O.: 同前

94 Gadamer S.118f.:pp.163-164

95 Gadamer S.119:pp.164-165

96 Gadamer vgl.S.119:cf.p.164

97 Gadamer S.120:p.166

98 a.a.O.：同前

99 本章の授業記録は、小池（2012a）(2012b)を基にしている。再録にあたって若干の修正が加えられている。

100 大槻は、美濃保育園の雲山文夫園長（当時）から音楽表現の指導の依頼を受けたことを契機に、一九八七年から三十年近く、年に数回、自宅がある群馬県から岐阜県に指導に赴いている。その間に若い保育士たちの指導にも携わってきた。本記録中に登場する大西智恵美先生、ピアノの鈴木恵理子先生は、長く大槻から指導を受けている。大槻と美濃保育園との関わりがどのように始まり、大槻の美濃保育園での実践がどのように展開していったかは、美濃保育園『DVD美濃保育園の歌とオペレッタ』（2008）の解説の中で詳しく記されている。

101 斎藤は、授業の中で子どもにわかりきったことを教えたり、同じことを機械的に繰り返してはいけないという。いつでもそのときどきに、新しい質の高い課題を与えていかなければならないのである。なぜなら、教師がそういう授業をしないと、集中力のない平板で常識的な子どもがつくられてしまう。この考えは、自分を表現する子どもをどうつくるかという思想と一体であるように思われる。（cf. 斎藤 1970：pp.322-325）

102 オペレッタの台本の原文は「いよいよ王様は、どの素晴らしいい織りものを、ご自分でも見ておきたいとお思いになりました」（cf. 梶山 1989：「はだかの王さま」p.21）

103 この部分と続くリズム表現は、原本の楽譜と演出ノートには書かれていない。美濃保育園の先生たちが考えた、独自の演出である。

104 人間同士のつながりを考えるとき、物体・客体がどれほど重要であるかは、ヴァン・デン・ベルクの思索でも強調されている（cf. ヴァン・デン・ベルク 1976：pp.40-62）。ヴァン・デン・ベルクはわれわれが物を見るときは事物がわれわれ一人ひとりに対してもつ意味を見るのだ、という。形や色といった物の属性を見ているのではない。大槻が子どもたちに布を持つよう要求するときは、実際に物体を持たせるのではないので、まさに布の意味を持つようにといっているように思われる。こうして布の意味を「見える」ようにすることで、大臣の子どもとはた織りの子どもがつながり、対応が生まれる。

105 中沢（1979）は、「イメージは子ども内部のものだから、外から強制しても共有することはできない。共有は必ずイメージの拡大によって起こる」という（中沢 1979:：p.140）。例えば、お店ごっこしている子どもを見て、おうちごっこをしている子どもは客になることを自ら引き受け、買い物をする人間がどのような振る舞いをするものかを自分の内部にあるイメージから取り出す。それを、店員をしている子どもが受け入れる。こうした相互のやりとりにおいて、子どものお店や買い物のイメージは拡大され、この拡大において社会的役割の理解と協調性が、子どもたちに共有され、体得されていくという。

106 佐野（2005）は、ステップ表現の指導を大槻から受けたときに印象に残った言葉をいくつか挙げている。その一つが、「表現とは、自分一人になることが大事」という言葉である。表現は自立につながる、という言葉も心に残っているという。実際の指導場面でも、大槻は子どもたちに、広い体育館の空間の中で、一人になるように、誰もいない空いているところを探して移動するように言っている。（佐野 2005 参照）

107 正確にいえば、「なんとみごとでございましょう」と称賛される対象の布は実在しないのだから、「自分には見えている」と周囲を欺くために、「なんとみごと」を「家来たち」は一層強調して歌う必要があるのかもしれない。

108 梶山（1989）「はだかの王さま」p.22

109 cf. 小池（2016）pp.2-3

110 音楽美学における用語の使われ方を概観すると、表現するという営みは作曲家の創造を指し、演奏するという営みについては、表現より再現という言葉が当てられているようにみえる。他方で、音楽の演奏が単なる楽譜の再現ではないということは、研究者の見解はほぼ一致してはいる。表現と演奏の概念の曖昧さについては、小池（2016）を参照のこと。また、同様の指摘は、近藤（1974）によってもなされている。

111 cf. 竹内（1999）p.170

112 cf. 竹内　同前書 pp.170-171
113 竹内　同前書 p.181
114 同前
115 同前
116 同前
117 竹内　同前書 p.182
118 cf. 竹内　同前書 p.182
119 竹内　同前書 pp.182-183
120 竹内　同前書 p.182
121 大槻（2007）p.14
122 cf Gadamer (1960) S.119, p.165
123 Gadamer a.a.0. S.118, p.163
124 ibid.: 同前
125 Gadamer a.a.0. S.133, p.184
126 ibid.: 同前
127 ibid.: 同前
128 大槻（2000）p.15
129 大槻（1986）p.21
130 cf. 大槻（1986）p.24
131 斎藤（1971）p.82

132 同前書 p.86

133 同前書 p.84

134 同前書 p.159

135 同前書 p.85

136 大野（2003）参照。大野先生は、大槻の指導を受けて以後、改めてオペレッタ表現に取り組んだ。あせらないことを忘れず、子どもたちと表現に取り組み、発表会に臨んだ。終わった後、大槻は「子どもがいますね。子どもが自分の力を自分自身で出しきろうとしていますね。構成だって子どもが自分で変えてしまいましたね。それはあれだけバラバラだった子どもが集団の中でひびき合いの楽しさを学んできたからでしょう」と言ったという。しかし大野先生は、「このように誉めて頂いたことについて、ほんとうにそうなのか、まだ私にはわかりません」と記している。ここにも、美的生成を生きる教師の生がみてとれる。

137 大槻（1985）p.29

138 大槻（1984）p.27

139 大槻　同前論文　pp.27-28

140 大槻（2000）p.14

141 大槻（2007）pp.12-13

142 大槻（1996）p.18

143 cf. Taylor（2010）pp.35-36, pp.40-42

144 大槻（2007）p.12

145 小池（2013）p.31

あとがき

大槻志津江先生は、斎藤喜博の言葉をひいて、教育方法は思想であると言っています。大槻先生は、実践という揺るがしがたい確かな言葉で、私たちに芸術教育の真の思想を教えてくれました。あえて「真の」という言葉を使うのは、それが子どもや教師という人間たちの存在そのものに関わっているからです。

芸術は本来、人間の存在そのものを、固有の仕方で真の在り方に導くはずです。教育は、子どもという人間を教育という仕方で真の在り方に導く営みだとしたら、大槻先生の実践と思想は芸術あるいは芸術教育の営みそのものであり、教育の真の営みであり、そして何よりこれらの結節点を事実として示すものです。

私は、本書を書くにあたり、このことを明らかにしたいと考えてきました。

ある授業研究会に参加したときのことを、大槻先生は次のように述懐しています。ある先生が総合表現の実践を記録したビデオを見せたとき、「凄い！」という声が参加者たちから一斉に挙がったそうです。しかし、大槻先生はこの参加者の反応を見て、次のように考えました。

「私にはこうした一般的な言葉がとび交うだけでは、物の本質は見えて来ないし、又表現の教育的視点も明らかにならないばかりか、今後の表現創りへのヒントもないままに通り過ぎてしまうように思えた。／そこで私は『凄い！　とはどんな意味ですか。自分の目と心で掴まえたことを、生の言葉で話してほしい。』と言った」（大槻志津江「プロメティウスの火――磯前さんの実践から――」『事実と創造』第181号一九九六年六月号 p.17）

この大槻先生の語りかけは、大槻先生の仕事を論じようとする私自身に向けられています。大槻先生の仕事を「凄い」というだけでは何も明らかにならず、大槻先生の凄さも通り過ぎてしまいます。私は、大槻先生の凄さの中に音楽表現教育の本質と表現の教育的価値を見ることができると考えました。

しかし、この私の試みがどの程度成功しているのか、甚だ心許なく感じています。大槻先生の言葉は大変難解でした。しかも、私は大槻先生からたった十年しか教わっていません。大槻先生に学んで二十年以上経つという教師が大勢いる中で、私の十年は何とも心細く思われます。その意味で、本書は端緒に過ぎません。本書がもつ様々な不足がきっかけになって、大槻先生の思想と実践に関する議論がどこかで広がったり深まったりすることが、私の願いです。

本書を執筆するにあたり、多くの方から励ましをいただきました。

初めに、大槻志津江先生にお礼申し上げます。大槻先生に出会って、私は人生のコンパスを得ました。正しい方向を見失わないよう、自ら闘う姿を示して下さる師を得られた幸運を感じます。

次に、美濃保育園にお礼申し上げます。美濃保育園は、大槻先生の仕事が事実として展開する現場として、長年その価値を保ってこられました。その年月は、大槻先生と保育士の先生方が闘ってきた歴史そのものです。

次に、千葉経済大学学長の佐久間勝彦先生にお礼申し上げます。二〇〇七年八月の終わり、佐久間先生は、畏れてばかりで少しも大槻先生に近づけない私を見抜き、「もう、大槻先生から直接学びなさい」と背中を押して下さいました。あの夏の佐久間先生のひと言がなければ、本書はありえませんでした。心から感謝申し上げます。

次に、埼玉大学の磯田三津子さん。研究者仲間として友人として、私は、常に磯田さんに助言を求めてきました。私に足りない内容を指摘しながら、何が重要かという視点は決して揺らぐことなく私を支えてくれました。あなたは私の勇気です。

最後に、一莖書房の斎藤草子さんにお礼申し上げます。なかなか書き出すことができない私を的確に励まし続け、本書を形にして下さいました。本当にありがとうございました。

心からの感謝を込めて、この小さな本を大槻志津江先生に捧げます。

二〇一八年

【初出一覧】

本書は次の論文に一部基づいています。ただし本書の執筆にあたり、大幅に書き換えました。

第一章　二〇一五年「人間の生成としての音楽教育―芸術教育学化の可能性について―」音楽学習学会編『音楽学習研究』第11巻 pp.55-64

第四章　二〇一四年「音楽表現におけるイメージの拡大と深化」音楽学習学会編『音楽学習研究』第10巻 pp.39-46

本書は千葉経済大学の学術図書出版助成を受けて刊行された。

〈著者紹介〉
小池　順子（こいけ　じゅんこ）
1966 年生　埼玉大学大学院教育学研究科修了
東京大学大学院教育学研究科博士課程単位取得満期退学
修士（教育学）現在千葉経済大学教授

子どもの音楽表現――大槻志津江の仕事に学ぶ――

2018年7月25日　初版第一刷発行

著　者　小　池　順　子
発行者　斎　藤　草　子
発行所　一　莖　書　房
〒173-0001　東京都板橋区本町 37-1
電話 03-3962-1354
FAX 03-3962-4310

組版／四月社　印刷／日本ハイコム　製本／新里製本
ISBN978-4-87074-215-4　C3037